Constanze Kleis

Das Leben ist zu kurz für Mimimi

Warum es befreiend ist, Verantwortung zu übernehmen

W0194611

CONSTANZE KLEIS

Das Leben ist zu kurz für Mimimi

WARUM ES BEFREIEND IST, VERANTWORTUNG ZU ÜBERNEHMEN

INHALT

Alles auf Anfang

»Jeder hat seine Probleme.«

Elton John

Meine Mutter erzählte oft, wie unwirsch ich als Kleinkind werden konnte, wenn man mir etwas abnehmen wollte. Auch die Dinge, für die ich eigentlich noch längst nicht alt genug war. Zum Beispiel die kostbare Zuckerdose von Oma zum Schrank tragen. »Ich kann auch allein ...!«, erklärte ich und fand das – wie vermutlich so ziemlich alle aus dieser Altersgruppe – ein höchst begehrenswertes Fernziel. Falls sich das Erwachsenwerden überhaupt lohnen würde, dann doch unbedingt dafür. Allerdings habe ich mich da offenbar schwer getäuscht. Denn in den letzten Jahren gleicht die Aussicht, etwas selbst zu entscheiden, offenbar zunehmend einer Einladung in den mentalen Panikraum. Mittlerweile gibt es kaum noch einen Lebensbereich, in dem wir uns nicht lieber von Profis unter die Arme greifen lassen. Dauernd werden damit unsere Daseinskompetenzen auf den Status »Anfänger« gestellt. Wir überlassen es Coaches, Beratern und anderen Menschen, die es angeblich besser wissen wollen als wir, unser Leben zu lenken. Sie zeigen uns, was Glück ist und wie man es erreicht, wie man sich verliebt, trennt, wie man Kinder erzieht, Karriere und auch eine Pause davon macht, wie unzufrieden und unerfüllt wir in unseren Jobs sind, wie man spazieren geht, sich selbst findet und was man von dem zu halten hat, was man dabei entdeckt. Noch nie war unsere Gesellschaft so durchgecoacht und -psychologisiert wie heute. Mit der Folge, dass heutzutage nichts mehr nur ein Sandkorn im Alltagsgetriebe ist, das man am Tresen von *Uschis Pilsstube* mit seinen Kumpels oder beim Wein mit seiner Freundin entfernt und somit sein Leben selbst wieder auf »Rundlauf« stellt. Nein, im Gegenteil, alles ist gleich Lebenskrise, Sinnkrise, Beziehungskrise, Motivationskrise, Überforderungskrise, Paarkrise, Jobkrise, Elternkrise und Midlife-Crisis – also mindestens eine Katastrophe. Etwas, das wir keinesfalls in Eigenregie verbessern, lösen oder ändern können. Angefangen bei der Politik, die gemessen an den milliardenschweren Beraterhonoraren praktisch gar nichts mehr »allein« kann, bis hin zur Organisation der Sockenschublade, die wir nicht etwa nach einem eigenen oder gar keinem System ordnen, sondern unter Aufsicht und Anleitung der globalen Aufräumexpertin Marie Kondo. Partnersuche ohne das Gefühlsordnungs- sowie Ortungssystem von Tinder und Co? Unmöglich heutzutage! Eine Beziehung führen? Ohne die Psychotipps und Gebrauchsanweisungen der Paarcoaches offenbar so riskant, als wolle man mit einem Faltboot den Ozean überqueren.

Wir verlernen dabei nicht nur, unsere Probleme selbst zu lösen, sondern auch einzuschätzen, ob es überhaupt Handlungsbedarf gibt. Ob wir glücklich oder unglücklich sind, ob wir verliebt sind, zurückgeliebt werden – und ob wir damit zufrieden sein können. Ob wir nicht eigentlich ganz in Ordnung sind, so wie wir sind. Oder ob wir wie der kleine Häwelmann im gleichnamigen Märchen von Theodor Storm nicht »mehr, mehr, mehr« sein müssten, und das selbstverständlich mithilfe – ja klar – der professionellen Vorsager, die uns jetzt allüberall unser Leben soufflieren. Sie versprechen uns Sicherheit, Kontrolle, Glück sowie Mitbestimmung bei den Schicksalsmächten. Aber eigentlich sind sie nur die Eintrittskarten in das große Jammertal: die Homebase des Mimimi. Die vielen Lösungsangebote erhöhen ja vor allem die Anzahl der Probleme und machen uns somit nur noch unruhiger, als wir es sowieso schon waren, bevor wir anfingen, uns beraten zu lassen. Wo es immer nur ein »Richtig« zu geben scheint, ist stets auch ein »Falsch« als größtmögliche Bedrohung inbegriffen. Nicht, dass wir hier und da nicht ein wenig Entwicklungshilfe nötig hätten. Und es kann nie verkehrt sein, ein besserer Mensch werden zu wollen. Aber es macht die Menschen erfahrungsgemäß ja nicht glücklicher, wenn man ihnen suggeriert, sie befänden sich immer bloß auf dem Weg, gelangten aber nie ans Ziel. Wo jeder seines Glückes Schmied sein soll, ist nämlich jeder seines Versagens Verursacher. Theoretisch. Praktisch hat die Entlastungsindustrie hier ebenfalls eine verlockende Lösung, indem sie selbst noch das kleinste Problem zur psychologischen Großbaustelle erklärt: Herzschmerz, Melancholie, Trauer, Unsicherheit, Schüchternheit beispielsweise. Was gestern noch normal war, gilt heute schon als krankhaft, dringend behandlungsbedürftig – und liegt damit ganz einfach jenseits unserer Verantwortung. *Zeige deine Wunde,* so lautet der Titel einer Installation von Joseph Beuys. Wir haben ihn wörtlich genommen. Wie die It-Bag gehört die Psychomacke mittlerweile zu den Must-haves. Wollte man seine Probleme früher tunlichst verstecken, sind sie diagnostisch hochgetunt längst wichtiger Selbstvermarktungsbaustein: Die Borderlinestörung von Lindsay Lohan, die Depressionen von Britney Spears, das ADHS von Adam Levine (Sänger von Maroon 5), die Zwangsstörung von Bestsellerautor John Green oder Schauspielerin Brittany Snow, die gleich mit einem Triple – Depressionen, Dysmorphophobie, Essstörungen – in die Outingarena trat. Verstehen Sie mich bitte nicht falsch. Sicher bedeutet die Anerkenntnis psychischer Erkrankungen einen enormen Quantensprung in der Medizin und für die Betroffenen. Einerseits. Andererseits hat der Psychomarkt seine Produktpalette in einem Umfang erweitert, wie man es sonst nur von chinesischen Weihnachtsdekorationsartikel-Herstellern kennt. Nichts mehr braucht einfach so hingenommen zu werden, alles gehört professionell bearbeitet. Mit der Folge, dass die so dringend benötigten Therapieplätze für psychisch schwer Angeschlagene immer häufiger auf Monate im Voraus von Menschen wie etwa meiner Bekannten belegt sind. Die nun seit mehr als 15 Jahren mit ihrer Therapeutin die Unmöglichkeit bespricht, einen Mann zu finden, der aussieht wie Brad Pitt, wohlhabend, klug, wahnsinnig erfolgreich, humorvoll UND mit ausreichend Freizeit ausgestattet ist, um mit ihr Kochkurse, Opern zu besuchen und Ayurvedakuren zu absolvieren. Ein Unglück, das sie – wie sie meint – einem »emotional abwesenden Vater« verdankt. Man könnte auch sagen:»Reiß dich einfach mal zusammen!«, »Problem erkannt, Problem gebannt!« oder »Schau dir wenigstens mal Klaus-Dieter aus der Buchhaltung an, bevor du enttäuscht bist, dass Brad Pitt schon andere Pläne hatte, als dich zu heiraten«. Das hätte den charmanten Vorteil, dass man das große Grämen allein beenden könnte.

Aber es ist offenbar längst zu verlockend geworden, sich mit einem Seufzer der Erleichterung an die breite Brust der »Das-Ich-als-Opfer-Industrie« zu werfen, wie der britische Soziologe Frank Furedi das Phänomen nennt. Es ist wie in der Sparkassenwerbung, in der einer mit »Mein Haus, mein Auto, mein Boot!« protzt. Wie steht man denn da, wenn man nichts weiter zu bieten hat als »Schlecht geschlafen!« oder »Gerade langweilt mich meine Arbeit!«. Und andere längst mit den ganz großen Spielkarten trumpfen – also mit Burn-out, Panikattacken oder ADHS? Was müsste man dagegen alles tun, falls man anfangen würde, sich selbst ans Steuer seines Lebens zu setzen? Man wird schon wahnsinnig müde, sobald man bloß darüber nachdenkt.

Wo alles Unglück neurotisch ist, gibt es außerdem keine Systemfehler mehr, nur noch persönliches Versagen. Nicht mehr die Entlassung ist der Eins-a-Auslöser für die Niedergeschlagenheit, sondern irgendein Defekt, der dafür sorgt, dass man der trostlosen Wirtschaftslage nach und mit Corona nicht mit wahnsinnigem Optimismus und überbordendem Tatendrang begegnet. Nachdem wir andauernd angehalten werden, unser Innenleben mit der Psychotaschenlampe auszuleuchten, kommen wir gar nicht mehr dazu, die äußeren Umstände kritisch zu betrachten. Wir verlernen außerdem, selbst zu entscheiden, ob wir die kleinen und großen Abgründe in unserem Leben nicht vielleicht doch ganz gut selbst managen können. Ob es sich überhaupt um einen Abgrund handelt. Und wenn, ob es nicht auch genügen würde, bloß ein Brett darüberzulegen, damit keiner reinfällt. Kurz: Wir haben die Deutungshoheit über unseren Gefühlshaushalt komplett in Hände gegeben, die davon leben, dass der niemals final aufgeräumt sein darf. Mit sehr betrüblichen Konsequenzen: Wir trauen uns nichts mehr zu. Wir können nicht mal mehr allein entscheiden, ob wir glücklich sind oder nicht. Geschweige denn ganz allein jemanden finden, den wir lieben – oder ohne Anleitung unsere Sockenschublade aufräumen. Wir haben für alles jemand, der das für uns erledigt und uns vor allem sagt, ob das so auch optimal ist. Wir wurden emotional entmachtet und das hat uns zu unerträglichen Jammerlappen gemacht. Wo alles nur dauernd besser werden soll, ist ja nichts einfach mal gut. Immer geht es nur darum, was uns noch fehlt: der optimale Schlaf, die ideale Performance beim Daten, die perfekten Kinder und das so kostbare Gute-Mutti-Gefühl. Nie dürfen wir einfach leidlich zufrieden mit uns sein. »Wieso kann ich nicht einfach so scheiße bleiben, wie ich bin?!«, fragte kürzlich verärgert ein Bekannter angesichts des ganzen Optimierungswahns. Genauso gut hätte er sich dazu bekennen können, sich in ein Tretboot verliebt zu haben. Alle waren sichtlich befremdet über einen derart bemerkenswert unterentwickelten Drang, noch mehr aus dem großen Lebenskuchen herausholen zu wollen. Aber auch beeindruckt von dem, was heutzutage offenbar als das letzte große Wagnis gilt: es allein zu können. Die Verantwortung für sein Leben selbst zu übernehmen, ganz eigenmächtig zu entscheiden, wann es gut ist und was man braucht, um zufrieden zu sein. Das ist schwer. Zugegeben. Denn in dem Maß, indem man uns die totale Kontrolle verspricht, verlernen wir ja auszuhalten, dass es die nicht gibt. Wir verlieren zunehmend unsere Frustrationstoleranz – mit Konsequenzen, wie man sie etwa bei den Anti-Corona-Demonstrationen erleben konnte, als panische Angstbeißer zum Heulen auf die Straße gingen. Weil sie nicht mal mehr das kleinste jener Ohnmachtsgefühle aushalten können, die dem Dasein nun mal serienmäßig mitgeliefert werden ...

Wie die Lebensverbesserer erst für die größte allgemeine Verunsicherung sorgen, die sie behaupten, uns ersparen zu können, erfahren Sie in den folgenden Kapiteln. Es geht um Liebe, Freizeit, Altern, Elternschaft, Glücksgefühle, um Krisen und Krankheiten – Corona inbegriffen. Um das Große und Ganze also. Ja, das ist ziemlich ehrgeizig, aber irgendwie auch wieder nicht. Denn am Ende ist es dann doch ganz einfach. Da genügt es nämlich, einfach herrlich unzulänglich, großartig verkorkst, biografisch versehrt, ganz schön beratungsresistent und gerade deshalb ziemlich gut genug zu sein – und sich bloß nichts anderes mehr einreden zu lassen!

Die größte Karotte des ganzen Universums

»Ich bin besonders glücklich, wenn das Glück unvoll-kommen ist. Vollkommenheit hat keinen Charakter.«[1]

Peter Ustinov

EIN HAMMERLEBEN

Vor einer Weile besuchte ich mit meinem über 80-jährigen Vater in Frankfurt die Ausstellung *The Happy Show*. Sie war interaktiv, also mit vielen Mitmach- und Gestaltungsmöglichkeiten, die der international renommierte Designer Stefan Sagmeister im Museum Angewandte Kunst installiert hatte. Unter den Exponaten waren zehn hohe Zylinder, gefüllt mit gelben Kaugummis. Die dazugehörige Frage lautete: »Wie glücklich sind Sie? Auf einer Skala von 1–10.« Man sollte sie sich selbst beantworten, indem man an dem betreffenden Zylinder einen Kaugummi zog. Also von eins – »gar nicht« – bis zehn, was in etwa für »bin kurz vorm Überschnappen« stand. Erst überlegte ich, ob ich nicht die Neun nehmen sollte. Ich meine: Ich habe einen spannenden Beruf, einen überwiegend netten Mann, viele Freunde und eine Familie, die ich liebe und die mich liebt. Außerdem bin ich gesund und lebe in einem reichen und sicheren Land. Nach allem, was man über das Glück und seine Urheber liest, dürften eigentlich keine Wünsche offengeblieben sein. Aber so fühlte es sich nicht an. Ich dachte an all das, was noch besser sein könnte: Wenn man den Lotto-Jackpot knacken würde, Ryan Gosling zufällig vorbeikommt und fragt: »Wo warst du nur all die Jahre?« Oder der Chef endlich sagt: »Sie sind die Beste!« und einem anerkennend auf die Schulter klopft. Wenn ich fünf Kilo abnehmen würde und der Weltfrieden realisiert wäre. Dem wollte ich mich nicht mit vorschneller Selbstzufriedenheit verschließen. Also entschied ich mich für die Acht. Offenbar eine mehrheitsfähige Entscheidung. Der Zylinder meiner Wahl war bereits ziemlich leer und damit augenscheinlich Sieger im Beliebtheitswettbewerb, denn wie ich hatten die meisten Besucher ihr Glück als durchaus noch deutlich ausbaufähig empfunden. Die Acht musste sogar, das las ich später, während des Ausstellungszeitraums insgesamt dreimal nachgefüllt werden. Das hatte keiner seiner »Mitzylinder« auch nur annähernd geschafft. Mein Vater entschied sich für Zylinder fünf, also für die Drei minus im Fach Lebensqualität. Ich war sofort alarmiert. Zeigte sich da nicht schon eine Depression? Ging es meinem Vater tatsächlich so schlecht, ohne dass wir, seine Kinder, es bemerkt hätten? Ich meine: Gut, ich hatte selbst – und zwar aus taktischen Gründen – ein wenig tiefgestapelt. Aber so tief?! Das war schon fast beleidigend. Schließlich bemühten sich meine Geschwister und ich seit dem Tod unserer Mutter sehr darum, den väterlichen Glücksspegel möglichst weit nach oben zu bringen. »Fühlst du dich so schlecht?«, fragte ich ihn. Und er antwortete: »Nein, gar nicht. Aber ›Glück‹ ist doch wirklich ein viel zu großes Wort. Damit kann ich nichts anfangen. Das ist mir zu anstrengend. Ich bin lieber zufrieden. Mir geht es doch gut!« Fast schien er sich doch für Zylinder Nummer zehn qualifiziert zu haben – so glücklich wirkte er, nicht überglücklich sein zu müssen. Da wollte einer gar kein Glücksstreber sein, das Wohlbefinden nicht vom Spitzenwert ableiten, sondern eigene Kriterien aufstellen. Einen Schlussstrich unter das setzen, was die Amerikaner »rat race«, also Rattenrennen nennen: den nie endenden Kampf um den größten Happen. Mein Vater fand, dass die Sache mit dem großen Glück einen ganz schön fertigmachen könne, weil sie viel zu viel Erwartungsdruck aufbaue. Am Ende, meinte er, würde man alles haben und sich trotzdem nicht glücklich fühlen. Wenn doch immer noch mehr versprochen würde. Wie enttäuschend das wäre. Dem wollte er sich nicht aussetzen und sich nicht dauernd fragen, ob da nicht noch mehr drin wäre in der großen Wundertüte Leben. Er habe ja alles, was ihm wichtig sei: den Rückblick auf eine kleine Karriere als selbstständiger Bäcker, ein Reihenmittelhaus, was Ordentliches zu essen, zwei Tageszeitungen am Morgen, oft seine Kinder und manchmal seine Enkelkinder um sich sowie gelegentlich einen Opernbesuch und ein Orgelkonzert. Man hätte meinem Vater auch eine alte Socke vor die Nase halten können, das hätte ihn ebenso wenig interessiert wie das, was Stefan Sagmeister, der 1962 in Bregenz geborene Glücksprofi, als die vermutlich größte Karotte der Evolution bezeichnet: die Aussicht auf ein Hammerleben.

MACH! ES! DIR! SELBST!

Gut, man könnte auch sagen: Würde es nur Menschen wie meinen Vater geben, hätten wir zwar eine sehr zuverlässige und flächendeckende Versorgung mit leckerem Buttermandelkuchen, fantastischer Käsesahne, umwerfendem Bauernbrot sowie mit Literatur und klugen Tageszeitungen, weil er diese Lektüre als für sich sehr erfüllend empfindet. Wir hätten vermutlich keine Kriege, weder Aktienmärkte noch Lotto-Annahmestellen, weil mein Vater Konflikte hasst und außerdem davon überzeugt ist, dass ein paar Millionen nur den Charakter verderben. Aber ob wir auch Internet hätten? Computer? Kreuzfahrtschiffe? Flugzeuge? Nagelstudios? Louis-Vuitton-Taschen? Schließlich ist die Sehnsucht nach dem Mehr der größte Entwicklungsmotor überhaupt. Es fühlt sich einfach zu gut an, sobald unser körpereigenes Drogenlabor zur Höchstform aufläuft, vermehrt Glücksbotenstoffe wie Endorphine, Dopamin und Serotonin produziert. Wenn etwas gelingt, wir uns etwas oder jemanden erobert haben. »… man in den Besitz oder Genuss von etwas kommt, was man sich gewünscht hat«, so der Duden zum Thema Glück. Deshalb will man immer noch ein Extraschäufelchen vom Wohlbefinden. Ein noch besseres, bequemeres, sichereres, entspannteres sowie schöneres Dasein, das unter diesen idealen Voraussetzungen natürlich möglichst lange währen soll – und zwar bei bester Gesundheit. So kam die Menschheit von den Bäumen und aus den Höhlen zum Rad, zur Mikrowelle, zum elektrischen Nagellacktrockner, der Schwarzwälder Kirsch, dem Sitzrasenmäher, dem Penizillin, dem Sofa, zur Konservendose, dem Buchdruck, zum Krieg und dem *Quadruple Bypass Burger,* einem Lebensmittel mit 9.982 Kalorien, sowie zum Defibrillator, den man deswegen bald brauchen wird.

Weil das Streben nach Glück als Fortschrittsantreiber so gut funktioniert, hat sich auch in uns die feste Vorstellung implantiert, wir könnten immer noch ein bisschen froher sein, als wir es womöglich schon sind. Das ist die Karotte, die uns ständig vor der Nase hängt – gerade so in Sicht-, aber selten in Reichweite. Sie sorgt im Prinzip überhaupt erst dafür, dass wir morgens nicht einfach im Bett liegen bleiben. Wir tun etwas für unser Glück und dieses Tun macht etwas für uns. Es hält uns wach, emotional, geistig und auch körperlich in Bewegung. Theoretisch eine feine Sache. Praktisch haben wir es bereits recht früh in unserer Geschichte stets auch anderen überlassen, uns auszumalen, was für uns erstrebenswert sein soll. Den Kirchen, der Politik, den Reiseveranstaltern, Beautykonzernen, Wellness- und Fitnessunternehmen, den Seelengurus sowie Putz- und Waschmittelherstellern, die behaupten, es würde einer Hausfrau das Herz dauerhaft erweitern, wenn alles porentief rein ist. Im Grunde setzt jeder, der etwas verkaufen will, bei uns den Glückshebel an. Stellt in Aussicht, dass es noch mehr geben könnte, als wir ohnehin schon haben. Dass wir uns immer noch ein wenig besser fühlen könnten und abends auf dem Sofa sitzen und denken: Ja, ganz hübsch, mein Leben. Aber könnte es nicht noch mehr sein?!

Eine Skepsis, die permanent mehr Nahrung erhält. Denn auch die Glücksindustrie schickt fortlaufend neue *Quadruple Bypass Burger* in unsere Lebensarena. Also spricht die größte Karotte des Universums zu uns:»Klar kannst du mich haben. Liegt ja ganz bei dir! Streng dich halt ein bisschen an. Werde dünner, erfolgreicher, entschiedener, klüger, achtsamer. Lerne die Krähe seitwärts und wie man die ungefähr 85 unterschiedlichen Beautyanwendungen, die Frauenmagazine als das Schönheitspflege-Minimum propagieren, im Alltag unterbringt – ohne deinen Job dafür aufzugeben. Die Muffins für die Kindergartensommersause sollen selbstverständlich nicht gekauft, sondern müssen selbst gebacken sein – du willst dich doch als gute Mutter erweisen und kannst so garantierte Glücksmomente erleben. Versprochen! Schau nicht so angestrengt, das gibt Abzug in der Kategorie ›begehrenswert‹ und das würde dich sicher ziemlich unglücklich machen, wäre also unglaublich kontraproduktiv.« Zum Glück stärken uns die Anbieter eines besseren Daseins bei diesem ambitionierten Projekt, auf allen Lebenshochzeiten gleichzeitig »bella figura« zu machen, den Rücken. Sie behaupten unverdrosssen »Yes you can!« und »Anything goes«.

Das hören wir gern, weil wir es mit Zutrauen in unsere Fähigkeiten verwechseln, Superwoman zu sein. Also eine von den Frauen, die alles mit links stemmen und dabei noch so erholt aussehen, als hätten sie die letzten vier Monate nichts weiter getan, als am Strand spazieren zu gehen. Eigentlich aber ist es bloß das Einfallstor zur totalen Überforderung, zu Stress, Frust und Selbstzweifeln. Und das geht so lange, bis uns das Leben wie ein einziges undurchdringbares Labyrinth aus Wenn-dann-Konstruktionen erscheint: Wenn wir erst mal genug Geld haben, das Haus groß genug ist, die Kinder wohlgeraten – also strebsam darum bemüht, ihre Eltern in Sachen Fortkommen noch zu überflügeln –, ich erst mal meine Traumfigur habe, es endlich schaffe, jeden Morgen joggen zu gehen, genug gecremt habe, mehr Geld verdiene, die Falten auf der Stirn weggebotoxt sind, Klaus aus der Buchhaltung mich endlich anspricht, die Kinder erst mal merken, dass man alles für sie aufgegeben hat und sie in Dankbarkeit ergriffen sind, wenn man gelernt hat, »Nein« zu sagen. Kurz: Für das Glück glauben wir, uns erst mal qualifizieren zu müssen, indem wir unser Leben rundum optimieren. Die Karotte macht übrigens derweil ein Sabbatical. Schließlich weiß sie, dass man sie auf diese Weise garantiert niemals auch nur anknabbern wird.

MÖRDERSTRESS

Noch nie gab es so viele Möglichkeiten, sich zu entwickeln und selbst zu verwirklichen. Unsere persönliche Freiheit ist theoretisch unermesslich, unerschöpflich, aber praktisch bedeutet das: Wir haben einen Mörderstress. Denn mit den Optionen wachsen auch die Risiken, sich zu überfordern – bis das Leben einem wie eine einzige Druckmaschine erscheint. Wo man nichts mehr einfach hinzunehmen braucht, steht auch immer die Forderung im Raum, etwas zu ändern: schlanker zu werden, fitter, erfolgreicher, kreativer, gesünder. Alles lässt sich jederzeit verbessern oder wenigstens zur »Herausforderung« aufhübschen, an der wir über uns hinauswachsen sollen. Selbst die Naturgesetze setzt das Streben nach der größten Karotte außer Kraft. Zum Beispiel, dass der Tag nur 24 Stunden hat und wir selbst bei optimistischer Haushaltung eben einfach nur über ein bestimmtes Maß an Energie verfügen. Eine Einsicht, die meiner Nachbarin Elena, 45, völlig abgeht. Sie hat sich eigentlich gleich zwei Lebensträume erfüllt: Sie ist Mutter von zwei Kindern und wurde gerade Partnerin in einer renommierten Kanzlei. Trotzdem hadert sie mit sich, denn wenn sie arbeitet, hat sie das Gefühl, ihre Kinder zu vernachlässigen, und wenn sie am Wochenende strikt nur für Emma und Nick da ist, befürchtet sie, beruflich doch nicht genug engagiert zu sein. Sie hasst sich selbst, sagt sie. Auch dafür, dass sie abends regelmäßig erschöpft auf dem Sofa einschläft, anstatt noch zum Yoga zu gehen oder den leidenschaftlichen Sex mit ihrem Mann zu haben, der als das Existenzminimum einer glücklichen Beziehung gilt – oder wenigstens eine der derzeit so angesagten Netflixserien zu schauen, über die die Kollegen in der Kanzlei so viel reden.

Meine Kollegin Miriam wiederum hat zwar keine Kinder, aber auch ein ehrgeiziges Projekt: Viermal in der Woche steht die 52-Jährige auf dem Laufband, macht Sit-ups und stemmt Gewichte. Nur, um danach im Spiegel noch immer die Frau zu sehen, die sie hinter sich lassen will – zugegebenermaßen attraktiv, jedoch nicht mehr ganz jung, zwar durchtrainiert, trotzdem aber stämmig. Eine, bei der, so führt sie mit einem bitteren Lachen aus, »man nur einbrechen würde, um die Vorhänge zuzuziehen«.

Auch Klara erfährt zwar gerade, dass es höhere Mächte gibt als das Wollen, dennoch ist das für sie kein Grund, vom Sollen abzulassen.

Die 31-Jährige bekommt in drei Monaten ihr erstes Kind. Sie hatte alles akribisch geplant – selbst die »natürliche« Geburt. »Die Mutter-Kind-Bindung ist ja gleich ganz anders. Das hat Strahlkraft auf das ganze Leben.« Jetzt muss es aus medizinischen Gründen doch ein Kaiserschnitt sein. Klara leidet jetzt schon unter dem »Makel«, ihrem Kind keine optimalen Startbedingungen ins Leben bieten zu können. Als wäre das ihre Schuld, aber auch: als gäbe es nur diese eine und letzte Chance, das Plansoll »gute Mutter« zu erfüllen.

Schon verrückt, was wir uns antun, um bloß alles ganz richtig zu machen und so auf die Sonnenseiten des Lebens zu kommen. Als müssten wir uns vor einer unsichtbaren Jury beweisen, die sich immer neue Aufgaben ausdenkt, damit wir niemals fertig werden. Vermutlich sitzt die einmal im Jahr zusammen und eines der Mitglieder meint dann: »Also, seit die Frauen auch Karriere machen, könnten wir sie ja eigentlich vom Muttihaken lassen.« Daraufhin antwortet ein anderes bestimmt: »Bist du verrückt geworden?! Am Ende nutzen sie die viele Freizeit, um die Weltherrschaft zu übernehmen. Das will doch keiner. Ich habe hier deshalb mal eine Liste mit ein paar Aufgaben vorbereitet, die die Frauen erst mal beschäftigt halten. Am besten, ihr bestellt euch etwas zu essen. Das kann nämlich länger dauern.« Dann präsentiert es das 16-teilige Lidschattenset, den Thermomix, die Schamlippenoptimierung und das einstündige Augenbrauentutorial auf Youtube. Klar, dass die Liste immer weiter fortgeschrieben wird. Die Idee ist ja, dass wir niemals ankommen sollen. Hatte es etwa Anita Ekberg zu ihrer Zeit noch mit deutlichen Dellen an den Oberschenkeln geschafft, als DIE Sexikone ihrer Zeit zu gelten, arbeiten sich heute fast 100 Prozent der Frauen an der Cellulite ab und geben dabei jährlich fast 100 Millionen Euro für Produkte aus, die versprechen, ein Problem zu lösen, das keines ist. Orangenhaut ist schließlich der natürliche Zustand weiblichen Bindegewebes. Nicht zu vergessen all die anderen »Herausforderungen« in so einem Frauenleben: die Intimrasur, das Achtsamkeitsseminar, die Yogastunde, die Bürstenmassage, das Flossen der Zähne, das Contouringwebinar und all die Beziehungsratgeber, die man gelesen haben MUSS, um beim Glücksoscar *Perfekte Partnerschaft* in die engere Wahl zu kommen. Klar sollte man auch Karriere machen, aber nicht so verbissen – selbstverständlich sollte man dabei unbedingt noch als Klassefrau kenntlich bleiben.

Derweil sollte uns unser Verstand eigentlich sagen: Solange die Tage bloß 24 Stunden dauern, ist das alles so unmöglich, wie übers Wasser zu gehen. Bleibt die Frage: Wieso glauben wir, dass das Glück immer erst noch kommt? Dass wir es uns erarbeiten müssen, indem wir uns immer weiter optimieren? Und: Weshalb sind es oft gerade Frauen, die in diesem Turbohamsterrad landen? Ganz einfach: weil wir Frauen sind. Bedeutet: Wir beziehen unseren Selbstwert ja nicht nur aus unseren Jobs. Wir wollen immer auch ein erfülltes Privatleben, super aussehen, großartige Kinder haben, den Stolz unserer Eltern und die Oberarme von Madonna, wir wollen heiß begehrte Trophäen sein – beim Sex und auf dem Arbeitsmarkt, gleichzeitig das perfekte Dinner abliefern, ökologisch verantwortungsvoll leben sowie die besten Abschlüsse machen. Wer aber alles vollkommen richtig machen will, wird nie fertig und vor allem niemals glücklich. »Hai-Syndrom« nennt sich das. Weil Haie keine Schwimmblase haben, müssen sie ständig in Bewegung bleiben, um nicht zu sinken. Es ist, als sollten wir durch 18 brennende Reifen gleichzeitig springen. Das sind 18 Gelegenheiten zu scheitern.

Aber weshalb tue ich das eigentlich genau? Wo sind denn überhaupt die Beweise dafür, dass man nur mit dem BMI einer Magerquarkpackung wirklich glücklich sein kann? Oder dass man als Mutter versagt hat – bloß weil man gern das Haus verlässt, um einer geregelten Arbeit nachzugehen? Oder dass Männer von Kirschblütenapplikationen auf den Fingernägeln regelrecht in Ekstase versetzt werden beziehungsweise Wimpernextensions für mindestens 70 Euro endlich jedwede Selbstzweifel beseitigen?

UNGLÜCK IM GLÜCK

Auf Pinterest kursiert der Spruch: »Sixpack? Hatte ich schon! Steht mir nicht.« Der ist sehr lustig und auch ziemlich klug. Denn wenn man erst mal dort war, wo alle dauernd hinsollen, stellt man schnell fest: So geil ist das gar nicht. Es stehen leider keine Männer draußen Schlange, obwohl man in neue Brüste investiert hat. Und auch die Freude über den Karrieresprung hält nicht sonderlich lange an. Total achtsam ist das Leben nicht unbedingt entschleunigter, sondern bloß voller, weil man ja den Termin für das einschlägige Seminar ebenfalls noch irgendwo unterbringen muss. Und ja: Kinder zu bekommen ist toll. Aber selbst mit ihnen erreicht laut einer Studie von Christoph Becker von der Universität Heidelberg und Kollegen das Wohlbefinden erst dann Spitzenwerte, wenn sie ausgezogen sind. Kinder, die noch zu Hause wohnen, wirken sich im Schnitt dagegen negativ auf die Zufriedenheit aus. Sogar Lottogewinne im hoch siebenstelligen Bereich hinterlassen nicht etwa Menschen, die wie dauerbekifft die nächsten 30 Lebensjahre nur noch glücksberauscht verbringen, sondern auch zerrüttete Familien, Enttäuschungen über Freunde, die einen ständig anpumpen wollen, und natürlich Angst. Denn wer viel hat, der hat zwangsläufig viel zu verlieren.

Legendär sind trostlose Schicksale wie das von Lothar Kuzydlowski. Am 20. August 1994 räumte er (damals 48-jährig) den Jackpot im Samstagslotto ab, gewann 3,9 Millionen Mark (circa 2 Millionen Euro) und war auf einen Schlag all seine finanziellen Sorgen los. Der arbeitslose Teppichleger tat, wovon alle träumen: kaufte sich teure Autos, baute für sich, seine Frau und seine kleine Tochter ein Häuschen im Grünen. Er jettete um die Welt, sonnte sich unter den Palmen von Mauritius, hatte zahllose Affären und letztlich eine Scheidung. Er verfiel dem Alkohol, trank flaschenweise Wodka. Fünf Jahre nach dem großen Gewinn starb Lotto-Lothar – Leberzirrhose. Was von seinem Vermögen übrig blieb, vererbte er einer Bardame. Viel war es nicht mehr. Gut, nicht jeder Sechser im Lotto endet als Tragödie. Und klar heult es sich beispielsweise besser in einem Rolls-Royce als in der Metro – wie die französische Jahrhundertschauspielerin Jeanne Moreau einmal meinte. Aber auch Studien belegen, dass der große Lottomillionär-Wow-Effekt kaum länger währt als eine Bundesligasaison. Es gibt zig Beispiele, die zeigen: Hat man endlich alle Voraussetzungen für ein Megaleben geschaffen, fühlt man trotzdem nicht im Entferntesten das, was man sich davon versprochen hat beziehungsweise was einem davon versprochen wurde.

Selbst Leute, deren Bildungsgrad es eigentlich zulassen müsste, ein eher schlichtes Wenn-dann etwas kritischer zu sehen, sind nicht davor gefeit, den Potemkinschen Dörfern der Optimierungsindustrie aufzusitzen. Maria Callas etwa, eine der bedeutendsten Sopranstimmen überhaupt, war mit 30 Jahren total unglücklich, weil sie 91 Kilo wog. Sie unterzog sich einer beinharten Diät und verlor in nur einem Jahr 36 Kilo. 1957 wählte die *Vogue* sie zur elegantesten Frau der Welt, die bald einem der reichsten Männer des Planeten – Aristoteles Onassis – den Kopf verdrehte. Der verließ sie schließlich für Jacqueline Kennedy, wie die »Bibel der Oper« nicht von ihm, sondern aus der Zeitung erfuhr. Vermutlich auch durch ihre extreme Gewichtsabnahme hatte ihre Stimme nach ihrem 40. Lebensjahr dann noch an Kraft und Glanz verloren. 1966 bezog sie ein Appartement in der Avenue Georges Mandel im 16. Pariser Arrondissement und verbrachte dort ihre letzten Jahre in einer Traumwelt. In einem Brief, der im Opernmuseum in Verona ausgestellt wurde, schrieb sie kurz vor ihrem Tod im September 1977 mit nur 53 Jahren: »Kein Kind, keine Familie, kein einziger Freund.« Die Umstände ihres Todes wurden medizinisch nicht eindeutig geklärt. In einigen Nachrufen ist allerdings von »selbstmörderischen Diäten« die Rede. Wie bei fast allem im Leben – vor allem aber bei jedem Glücksversprechen – lohnt es sich, vorher mal auf das Preisschild zu schauen, auf die Investitions- und Folgekosten.

TRETMÜHLEN

Als Glücksstreber haben wir uns weiterentwickelt, als Glücksversager machen wir uns heute dauernd nur selbst fertig. Sobald wir nicht fühlen, was wir doch eigentlich fühlen müssten, wenn wir ein Etappenziel erreicht haben – die Traumfigur, den Traummann, das Traumhaus, den Traumjob. Ständig bestrebt, das Optimum aus dem Leben herauszuholen, erleben wir, dass die Ergebnisse immer bloß suboptimal sind. Umgekehrt wachsen sich in diesem Kosmos selbst kleinste Niederlagen zu brutalen Abrissbirnen unseres Selbstwertgefühls aus. Dann hat man nicht nur einfach das Essen versalzen. Man ist gleich eine total miese Köchin, schlecht organisiert und unfähig. Man hat auch nicht bloß eine Tafel Schokolade gegessen. Man verkörpert auf der Stelle einen fetten, charakterschwachen sowie schlechten Menschen. Schafft man es nicht, noch einen weiteren Termin in seinem Timetable unterzubringen, dann muss man eben zusätzlich das Seminar »Zeitmanagement« buchen. Nach der Devise »Pars pro Toto« hat das kleine Versagen in einem Teilbereich Strahlkraft auf alles andere. Auf unser ganzes Denken und Fühlen. So landen wir im ewigen Fegefeuer der Selbstzweifel, obwohl außen eine fette Neonreklame »Paradies« so grell blinkt, dass man sie vermutlich noch vom Weltall aus sieht. Und nicht mal auf die Anstrengungen darf man dezent hinweisen, weil es zum Optimierungswahn gehört, alles mühelos und leicht wirken zu lassen. Deshalb antworten Frauen, wenn man sie für ihre schlanke Figur lobt, auch nie: »Danke! Das ist ja wohl das Mindeste, was ich für all den Verzicht erwarte. Ich kann mich nicht mal mehr daran erinnern, wann ich das letzte Mal Brot gegessen habe!« Stattdessen sagen sie: »Findest du? Also ich könnte schon noch so drei bis fünf Kilo abnehmen.« Das Schlimmste von allem wäre ja zu hören: »Du siehst so müde aus, ist dir das vielleicht doch alles zu viel?«

Dabei geht es – so paradox das klingt – eigentlich um ein Zuwenig: Wir wollen stets den Mangel an Selbstwert ausgleichen, den die Erwartungen mit ihrer Maßlosigkeit verursachen. Dabei ist das Scheitern serienmäßig eingebaut. Wer ständig nur das Beste für sich und aus sich herausholen will, wird eben auch dauernd die Erfahrung machen, dass das so gar nicht zu schaffen ist. Und selbst wenn, das Gelingen in einem Teilbereich wird einen nicht von den Anstrengungen in allen anderen freistellen. Nie ist alles gleichzeitig derartig toll, wie man gedacht hat. Also versuchen wir, den Makel mit noch mehr Streben auszumerzen. Dann, so denken wir, haben wir aus den vielen verschiedenen Optionen eventuell die falsche gewählt. Vielleicht sollten wir es doch besser mit Fasten versuchen, falls es mit der Glyx-Diät nicht geklappt hat. Oder mit einer anderen Creme, wenn die alte nicht mal im Ansatz tut, wofür sie angeschafft wurde. Oder mit einem weiteren Coaching, gesetzt den Fall, man hängt immer noch in der Karrierewarteschleife.

»Tretmühle des Glücks« nennen Soziologen das Phänomen, wenn man auf ewig damit beschäftigt bleibt, sich und sein Leben zu optimieren. Dass die Suche nach dem Glück Menschen zuverlässig unglücklich macht, bestätigt nicht nur die Erfahrung, sondern auch die Wissenschaft. Aekyoung Kim von der amerikanischen Rutgers University und Sam Maglio von der University of Toronto haben Belege dafür im Fachmagazin *Psychonomic Bulletin & Review* veröffentlicht. Sie hatten in mehreren Versuchen festgestellt, dass die Suchenden durch ihre eigenen Ansprüche unter Zeitdruck gerieten, weil sie glaubten, nicht genug Gelegenheit für Aktivitäten zu haben, die sie zu ihren ambitionierten Zielen führen. So gelangt man in eine Spirale des Scheiterns, berichtet Sebastian Herrmann in der *Süddeutschen Zeitung*. Und schreibt über die Folgen: »Weil die Anstrengungen einen noch immer nicht in einen Zustand entrückter Seligkeit versetzt haben, muss nun verbissener gearbeitet werden. Aber wann soll das auch noch in den so vollgepackten Alltag passen?« Es sei wie mit den inneren Kämpfen, denen man als Mitglied eines Fitnessstudios ausgesetzt ist: »Die Vorsätze sind vorhanden, aber heute hat es wieder nicht geklappt, zum Training zu gehen. Und statt endlich loszulassen, nimmt sich der Sportmuffel auf dem Sofa vor, morgen endlich kräftig auf der Hantelbank zu schwitzen – und scheitert abermals. Nach dem gleichen Prinzip scheiterten Suchende, wenn sie glücklicher werden wollen und sich vornehmen, hart daran zu arbeiten.«[2] Eine weitere Studie, durchgeführt von Psychologen um Iris Mauss von der University of Denver, fand heraus, dass der Wunsch nach immer noch mehr Glück die Wahrnehmung auf Negatives fokussiert – nämlich darauf, falls man an dem Anspruch scheitert. Wie man aus der Tretmühle rauskommt? Nun ja, man könnte die größte Karotte des Universums ein wenig tiefer hängen. Sehr viel tiefer. So tief, dass man endlich mal drankommt.

ENTSPANNUNGSÜBUNGEN

Für meinen Vater, den Bäcker, sind die kleinen Brötchen der Schlüssel zum Glück, nicht die aufgeblasenen Exemplare aus den Backshops, die bloß aus viel Luft und künstlichen Zusatzstoffen bestehen. Außen hui – innen leer. Als Fachkraft weiß er, dass in den kompakten wesentlich mehr Geschmack steckt. Und so hält er es auch mit seinem Leben: Er ist lieber zufrieden, als immerzu glücklich sein zu müssen. Weil sich dieser Zustand wesentlich einfacher in Eigenregie herstellen lässt, und zwar individuell angepasst an die jeweiligen Bedürfnisse – weitgehend unbehelligt von der Glücksindustrie. Für die ist Zufriedenheit ohnehin ein viel zu schwacher Reiz. Nichts, womit man einen Hund hinterm Ofen hervorlockt oder wofür ein Kunde das Portemonnaie zückt. Das ist gut, weil sie so gänzlich unbehelligt bleibt und unter dem Radar der Optimierungswirtschaft fliegt. »Bloß« zufrieden sein zu wollen gibt einem die Gelegenheit, ganz für sich allein seine Ziele mit den Gegebenheiten in Einklang zu bringen. »Metakognition« nennen Psychologen das Wissen um die eigenen Potenziale, aber auch um unsere Grenzen.

Sie halten diese wortwörtliche Selbstbewusstheit für eine Schlüssel-qualifikation eines erfüllten Lebens. Diese Selbstbewusstheit fragt nicht: »Was muss ich noch tun?« Sondern: »Was tut mir gut? Was passt zu mir? Was kann ich wirklich?« Und: »Wozu soll es eigentlich gut sein, Oberarme wie Madonna zu haben?« (Nach den letzten, ziemlich irren Auftritten der Popikone zu urteilen, hat nicht mal mehr Madonna viel davon, Oberarme wie Madonna zu haben.) Außerdem: Auch Ziele aufzugeben kann durchaus sinnvoll sein. Die Concordia University Montreal (Carsten Wrosch) hat in einer Studie belegt: »Wer schwer erreichbare Ziele aufgibt, erfährt eine Steigerung seines körperlichen Wohlbefindens, unter anderem weil die Produktion des Stresshor-mons Kortisol zurückgeht.«[3] In dieser Welt der vermeintlich unend-lichen Wahlmöglichkeiten ist es vielleicht das einzig Richtige, »Nein!« zu sagen. Und: »Nichts für mich! Ich weiß besser, was mich froh macht. Außerdem kenne ich sowohl meine Grenzen als auch die der Mach-barkeit!« Das erfordert natürlich ein wenig Mut. Zumal die Teilnehmer des »rat race« es gar nicht gern sehen, sobald eine ausschert, sich ge-mütlich an die Rennbahn setzt und damit all die Ziele infrage stellt, an denen sich die anderen so mühevoll abarbeiten. Wenn eine sagt: »Mein Kind wiederholt jetzt eine Klasse. Ich habe einen Vollzeitjob und keine Kapazitäten, nebenbei noch als Nachhilfelehrerin zu arbeiten.« Oder: »Mein Dekolleté muss leider ohne Klopfmassagen auskommen. Aber es weiß ja schon seit ein paar Jahren, wie das geht, sich um sich selbst zu kümmern.« Oder: »Ich bin über 50, ich will nicht jeden Abend hungrig ins Bett gehen, bloß um mit meinen Kindern gemeinsam bei Zara shoppen zu können!« Oder: »Ich werde mich NICHT die nächs-ten 18 Jahre dafür rechtfertigen, dass ich mein Kind nicht gestillt habe, weil das meine Milchdrüsen einfach nicht hergaben.« Oder: »Klar wäre ein Lottogewinn im hoch siebenstelligen Bereich schön. Aber bis es so weit ist, kann ich auch ein tolles Leben haben.«

Am Ende verhält es sich mit dem ganz großen Glücksversprechen und all den Optimierungsangeboten wie mit dem Zauberer von Oz.

Da denken sich das Mädchen Dorothy und ihre drei Freunde, die Vogelscheuche, der Zinnmann und der furchtsame Löwe, sie hätten einen Megadeal mit dem mächtigen Magier von Oz geschlossen. Sie sollen ihm den Besen der bösen Hexe bringen, dafür erfüllt er ihnen all ihre Wünsche, wird er sie rundum glücklich machen. Sein Versprechen: »The wizard will fix it.« Der Vogelscheuche, die nur Stroh im Kopf hat, wird er Verstand verschaffen, dem Zinnmann ein Herz in der hohlen Brust, dem Löwen eine Portion Mut. Und Dorothy würde er die Rückkehr nach Hause ermöglichen, nach Kansas, woher ein Tornado sie ins Zauberland Oz blies. Um an ihre Karotte zu kommen, überwinden die vier zahlreiche Hürden, viele Ängste, bestehen große Abenteuer und müssen am Ende feststellen, dass der Zauberer bloß ein Blender ist. Ein kleiner alter Mann, der mithilfe von raffinierten Effekten den Einwohnern von Oz einen mächtigen Magier vorgespielt hat. Die vier erfahren, dass es ihnen weder an Verstand, Herz noch Mut fehlte, sondern lediglich am Glauben an sich selbst.

Ja, das ist ein Märchen, aber das sind »Fünf Kilo weniger in einer Woche« oder »Eine glatte, makellose Haut für die Frau ab 40« oder »Spontane, schmerzfreie, natürliche Geburt« oder »Erziehen, ohne zu schimpfen« auch. Nicht umsonst heißt es: »When too perfect, lieber Gott böse.« Ein Zitat, das von Nam June Paik stammt, einem koreanischen Künstler. Es meint: Nur Gott ist perfekt und Menschen sind nicht dazu gedacht, Gott Konkurrenz zu machen. Zumindest, falls sie schon auf Erden ein erfülltes Leben führen wollen. Schlussendlich können wir deshalb sowieso nur eines wirklich erfolgreich optimieren: die eigene Bereitschaft, uns als perfekt unperfekt zu betrachten und gar nicht anders sein zu wollen. Nicht, weil Gott sonst böse wäre, nein, ich glaube, er würde sich nur wahnsinnig mit uns langweilen.

Betreutes Lieben

»Herzen sind wilde Kreaturen.«

Addams Family

IN FLIP-FLOPS AUF DEN MOUNT EVEREST

Mein Mann ist ein austrainierter Fleischesser, ich seit einigen Jahren Vegetarierin. Er liebt Fußball, seine Plattensammlung und Krimis. Ich mag Sachbücher oder Romane. Musik bevorrate ich schon deshalb digital, weil das keinen Platz verbraucht. Ich habe es gern leise, er bevorzugt es laut. Ich laufe gern schnell und weit. Dass der Weg das Ziel sein soll, versteht mein Mann bereits im Ansatz nicht. Er geht einmal die Woche ins Hallenbad, was ich schon deshalb meide, weil ich Schwimmen einerseits unglaublich öde finde und es mir außerdem einen solchen Hunger macht, dass ich am liebsten auf der Stelle eine ganze Pizza mit doppelt Käse verschlingen würde. Besser noch zwei. Was ja irgendwie nicht Sinn der Sache sein kann. Im Unterschied zu ihm entdecke ich gern neue Reiseziele, während er nach der Devise »Keine Experimente!« lieber auf Bewährtes setzt. Kurz: Wir hätten uns niemals über ein Partnersuchportal kennengelernt, und zwar nicht bloß, weil mein Mann aus Prinzip Abstand zu jeglicher digitalen Datenspeicherung hält, weder einen Facebook- noch einen Instagram-Account betreibt und schon Probleme hätte, bei Tinder ein Foto einzustellen. Wir wären einfach in den Partnersuchportalen auf kaum mehr Matchingpoints gekommen als ein Polarbär und eine Butterblume. Bereits im Vorfeld wäre unsere Beziehung als unmöglich erklärt worden – und zwar von Leuten, die es besser wissen wollen. Die entscheiden, wer uns gar nicht erst präsentiert wird, nachdem die errechneten Übereinstimmungen und Unterschiede nichts Gutes für eine gemeinsame Zukunft hoffen lassen.

Für uns ist es also ein Glück, dass es noch kein Onlinedating gab, als mein Mann und ich uns trafen. Dass noch nicht alle Hoffnungen auf Tinder, Parship oder Elitepartner ruhten und man das mit dem Kennenlernen, Anbaggern, Verlieben noch analog und ganz allein erledigte: in Klubs, im Job, in der Schule, im Urlaub, im Bekanntenkreis. Ohne die seitenlangen Fragebögen und Selbstanalysen, wie sie manche Partnersuchportale als unverzichtbare Zugangsvoraussetzungen für das perfekte Liebesglück ausgeben. Ohne Profilfotos und Angaben zu Hobbys, Gewicht und Lieblingslektüre. Man entschied sich damals ausschließlich für einen anderen Menschen, weil einem das Herz bei seinem Anblick bis zum Halse klopfte und man Schmetterlinge im Bauch hatte. Ohne vorab auch nur die geringste Ahnung davon zu haben, ob derjenige Frühaufsteher oder Morgenmuffel ist, er eine glückliche Kindheit hatte, wie er sein Äußeres und sein Verhältnis zu seinen Eltern beschreiben würde. Und auch ohne überhaupt einen Gedanken daran zu verschwenden, inwiefern er als »extrovertierter, konkreter, organisierter Fühlentscheider« zu einem »introvertierten, abstrakten, lockeren Denkentscheider« passen würde. Damals ging man ohne jedwede Vorkenntnisse aufeinander zu und schaute einfach mal, was passierte.

Von heute aus betrachtet wirkt das so fahrlässig, als wäre man bloß in Flip-Flops zum Gipfel des Mount Everest aufgebrochen oder hätte es seiner Kosmetikerin überlassen, einem den Blinddarm herauszunehmen. Durchwegs unmöglich also. So unmöglich wie der lange Weg, den es brauchte, bis mein Mann und ich letztendlich zusammenkamen. Wir hatten uns bereits kurz nach dem Abitur an der Uni getroffen, saßen beide in demselben Soziologieseminar und waren uns auf Anhieb erst mal piepegal, mit einem leichten Ausschlag in Richtung unsympathisch. Aber weil Frankfurt eine kleine Stadt ist und wir immer in dieselben Kneipen gingen, grüßten wir uns halt – ganze zehn Jahre lang, bevor er mich dann doch endlich auf ein Bier einlud und unsere Beziehung ihren herrlichen Anfang nahm. Man könnte auch sagen, es war Liebe auf den geschätzt 87. Blick. Heute ist überwiegend meistens nicht mal mehr ein zweiter drin. Denn bei möglichen 37 Kandidaten, die einem so ein Partnersuchportal manchmal täglich in den Mailbriefkasten spült, bräuchte man schon die Lebenserwartung von Methusalem (969 Jahre), um jedem wenigstens einen zweiten Blick zu gönnen.

UNGEWISSHEIT-UNVERTRÄGLICHKEIT

Ausgerechnet in der Liebe, die man doch für ewig unantastbar hielt, die so etwas wie der letzte Privatbesitz in unserer zunehmend zur Plünderung freigegebenen Emotionsschatulle war, ist im letzten Jahrzehnt kein Stein mehr auf dem anderen geblieben. So wie man während des Corona-Lockdowns manchmal fassungslos vor dem Fernseher saß und staunte, wie sich Menschen einmal vor nicht allzu langer Zeit einfach ohne Schutzmasken nahekommen konnten. So wundert man sich heute, wie sich Paare noch vor wenigen Jahrzehnten selbstständig, ohne jedwede Anleitung und charakterliche Vorsortierung von Suchportalen fanden – und vollkommen eigenmächtig entschieden, sehr gut zusammenzupassen. Mit, soweit man das beurteilen kann, gar nicht üblen Ergebnissen.

Dennoch trauen sich das immer weniger Menschen zu, nutzt mittlerweile jeder dritte Bundesbürger für die Partnersuche ein Onlineportal. Davon spricht die offizielle Version. Inoffiziell dürften die Zahlen noch viel höher liegen. Einige trüben die Statistik ja noch immer mit kleinen Korrekturen an ihrer Beziehungsgründungsgeschichte. Wie etwa eine Freundin: »Du weißt ja, Peter und ich haben uns auf Tinder gefunden, aber wir erzählen lieber, dass wir uns zufällig in einem Restaurant über den Weg gelaufen sind. Klingt einfach romantischer.« Ja, die Portale tun sogar bisweilen, was sie versprechen und für was man sie bezahlt. Sie bringen Menschen zusammen und diese Menschen verlieben sich ab und an ineinander oder haben wenigstens Sex. Das ist aber weder ein Beweis dafür, dass es nicht auch ohne gehen könnte, noch bestätigt es den Erfolg dieses Geschäftsmodells. Es ist vielmehr Statistik: Weltweit sollen 239,9 Millionen Menschen online auf Partnersuche sein. 5,8 Millionen sind es in Deutschland, die Singlebörsen nutzen. Sperrt man also alle Suchenden quasi in einen Raum, muss es aller Wahrscheinlichkeit nach auch mal hier und da einen Treffer geben. Oder wie eine Freundin sagt: »Wenn alle im Netz suchen, wäre man ja blöd, das Onlinedating zu ignorieren und auf zufällige Treffen im analogen Leben zu setzen. Das wäre ja, als würde man bewusst in eine total leere Kneipe gehen, während nebenan der Bär steppt und dort wenigstens eine kleine Chance besteht, jemanden kennenzulernen.«

Ob die allerdings so hoch ist, wie die Werbung behauptet? Der Psychologe und Direktor emeritus am Max-Planck-Institut für Bildungsforschung Gerd Gigerenzer hat einmal vorgerechnet, wie es sich genau mit dem legendären Versprechen »Alle 11 Minuten verliebt sich ein Single über Parship« verhält, von dem man eigentlich immer dachte, es sei doch enorm vollmundig und verheißungsvoll. Ein Irrtum, wie sich zeigt. »Da melden Sie sich an und müssen nur elf Minuten warten, toll! Aber alle elf Minuten, das macht am Tag 130 Verliebte, im Jahr fast 50.000. Wenn Parship eine Million Kunden hat, sind das gerade mal fünf Prozent. Das ist Ihre rechnerische Chance, sich zu verlieben. Da können Sie zehn Jahre dabei sein und immer noch auf die große Liebe warten!«[4] Ob die Trefferquote nicht höher und vor allem nachhaltiger wäre, würde es gar kein Onlinedating geben? Müsste man also mal wieder das Haus verlassen oder den Kopf vom Smartphone heben und sich umschauen, ob nicht doch jemand Großartiges etwa direkt gegenüber in der S-Bahn sitzt oder in der Kantine am Tisch?!

Darüber kann man nur spekulieren. So wenig, wie man einmal gepflückte Johannisbeeren zurück an den Strauch bringt, wird das Onlinedating vom Erdboden verschluckt werden. Es ist längst Alltag. Auch und vor allem glauben wir, damit einige jener Unsicherheiten aus unserem Leben verbannen zu können, die das Lieben oft derart beängstigend machen. Die Portale versprechen uns ja, was wir gerade beim höchsten der Gefühle oft so schmerzlich vermissen: Planungssicherheit in Herzensangelegenheit – und dass die Leidenschaft sich ganz genauso gut kalkulieren ließe wie die Zubereitungszeit eines Schweinebratens.

ZUM VERRÜCKTWERDEN

»Die Liebe ist kein ehrenwertes Gefühl«, schrieb schon die Schriftstellerin Colette, wohl wissend, dass aus dem größten der Gefühle nicht nur die schönsten, sondern auch die schlimmsten Dinge geschehen. Man kann verlassen, zutiefst gedemütigt werden oder zehn Jahre mit dem Falschen verbringen. Und gibt es tatsächlich eine Hölle, dann wird ihr Tor garantiert mit Sätzen wie »Ich liebe dich nicht mehr« oder »Ich habe eine andere« geöffnet. Eigentlich müsste die Liebe – ähnlich wie Zigaretten – mit einem Warnhinweis versehen werden: »Vorsicht! Der Genuss kann Sie todunglücklich machen!« Liebe ist nicht nur zum Niederknien, sondern auch zum Verrücktwerden. Gleichzeitig schön und schrecklich. Ein Gefühl, ohne das wir nicht leben wollen, weil es sich einfach so gut anfühlen würde, so die amerikanische Anthropologin Helen Fisher.[5] Aber auch gleichzeitig ein Affront gegen unseren kleinen, gepflegten Größenwahn, der uns einflüstert, dass für uns alles machbar sein sollte. Liebe und Leidenschaft mobilisieren ja unsere tiefsten Ängste: nicht zu genügen, nicht liebenswert zu sein, sich emotional total entblößt zu haben, um dann gänzlich schutzlos und mit blutendem Herzen stehen gelassen zu werden. Wieso – so fragt man sich deshalb seit der Erfindung der Liebe verzweifelt – darf unsere Bestellung beim Schicksal nicht einfach lauten: »Für mich einmal die perfekte Beziehung, eine großartige, erfüllende Leidenschaft, aber die Zweifel und Unsicherheiten bitte auf einem Extrateller. Ich vertrage sie in letzter Zeit recht schlecht.«? Im Grunde ist es also verständlich, wenn wir uns nach Sicherheiten, nach Garantien sehnen. Nach einer Glaskugel, die uns die Zukunft aufzeigt, oder einer Software, wie es sie im Episodenfilm *Amazonen auf dem Mond* gibt. Da tippt eine Frau vor dem ersten Date mit einem vielversprechenden Kandidaten dessen Daten in den PC und erhält flugs ein umfassendes Beziehungsprofil, erstellt von seinen Ex-Frauen. Das wäre es doch: keine Unbekannten, keine Geheimnisse, keine Irrungen, keine Zeitverschwendung an einen, der es nicht verdient hat. Man weiß gleich, woran man ist und ob es sich überhaupt lohnt, ihm die Tür aufzumachen. Ganz so weit sind die Partnersuchportale dann doch noch nicht. Aber sie füttern das Hasenherz in uns mit einer Familienpackung Beruhigungsmitteln. Sie suggerieren, dass die Fehlerquote sinkt, dass da zusammengebracht wird, was zusammengehört – und auch zusammenbleibt. Dass man sich also gegen Enttäuschungen immunisieren kann und sich das so scheue Reh »Liebe« in unseren Vorgärten anpflocken lässt, anstatt immer gleich abzuhauen, wenn man es zum Haustier machen will. Nach der guten alten Versicherungsdevise »Better safe than sorry« sollen wir das unstete Schicksal in Schach halten können. Mit möglichst umfänglichen Daten zu unserem Lifestyle und unseren Haltungen würden schon die Richtigen zusammengebracht. Und das so verstörende Unbekannte in der Gleichung »Beziehung« könnte man bereits im Vorfeld ausmerzen, um zu einem zuverlässigen Happy End zu kommen. Und nicht nur damit. Längst haben die Portale auch Ratgeberfunktion übernommen. Sie erklären uns, was eine gute Beziehung ausmacht, was Männer und was Frauen wünschen. Gaben da früher Forschungen und Analysen aus den einschlägigen Fachbereichen von Hochschulen den Leitstern, besetzen zunehmend die Portale dieses Terrain mit Wegweisern und Erkenntnissen, die sie unter anderem auch mit dem Auszählen der Daten gewinnen, die wir ihnen ja so großzügig zur Verfügung gestellt haben. Wie wissenschaftlich fundiert das ist, wie repräsentativ, gut oder schlecht, objektiv oder eigennützig analysiert, darüber kann man nur spekulieren. Ebenso wie darüber, ob da mit Big-Love-Data nicht äußerst zielstrebig darauf hingearbeitet wird, sich die gesamte Deutungshoheit über unsere Herzensangelegenheiten unter den Nagel zu reißen und sich den kompletten Beziehungsmarkt zu sichern, indem man sich in allen Liebeslagen unentbehrlich macht. So wie man bei Tempo sofort an Papiertaschentücher denkt oder einem bei Cowboys am Lagerfeuer lange noch eine Zigarettenmarke einfiel, wird man bald bei jedweden Stichworten rund um Familie, Beziehung, Elternschaft, Ehe reflexhaft »Parship« im Sinn haben. Und sich in uns das beruhigende Gefühl breitmachen, fachgerecht bekümmert zu werden, weil da einer weiß, wo es langgeht.

PROFESSIONELLE SOFORTHILFE

Klar, bei einer Scheidungsquote von bis zu 50 Prozent erscheint es schon aus Überlebensgründen das Schlaueste, sich möglichst von Anfang an an die Hand nehmen und durchgehend begleiten zu lassen. Wir buchen Flirtseminare, um einzustudieren, wie man die Haare so wirft, dass Timo auf der anderen Seite des Tisches die Botschaft auch richtig versteht und nicht etwa denkt, wir hätten da ein Problem mit der Halswirbelsäule. In Beziehungscoachings lernen wir, auf welche Art man streitet und Vorwürfe so formuliert, damit der andere nicht sofort anfängt zu heulen. Selbst die Trennung braucht man nicht mehr allein zu zweit über die Bühne zu bringen, sondern kann auch hier »professionelle Soforthilfe« in Anspruch nehmen. Das Porzellan soll schließlich heile bleiben und man nicht eines Tages nach Hause kommen, um festzustellen, dass sämtliche Möbel in zwei Stücke zersägt wurden: »Du wolltest doch unbedingt eine faire Aufteilung!«

Von der Wiege einer Beziehung bis hin zu ihrer Bahre – dem Seitensprung, der Langeweile, Enttäuschung, Fremdheit, sexuellen Frustration – begleiten Psychologen, Neurobiologen, Coaches, Sexualtherapeuten unsere Zweisamkeit. Nichts muss man mehr allein regeln und so traut man sich bald auch nichts mehr zu. Als wäre unser Gefühlshaushalt ein finsterer Keller, in dem blutrünstige Monster leben, die einem die Seele in Streifen schneiden, wenn man sich ihnen allein nähert. Bevor wir uns dem aussetzen, lassen wir uns die Liebe doch lieber so lange auf dem Seziertisch der Beziehungsdienstleister im grellen OP-Licht ausleuchten, bis alles Beängstigende, also das Unerklärliche, Geheimnisvolle, jedes Mysterium, der ganze herrliche Zauber verschwunden ist. Und stecken bald fest in einem engen Korsett aus lauter Dos und Don'ts, das alles, was einmal schön, lebendig und zauberhaft war, erstickt.

Man braucht ja bloß mal einen Nachmittag im Buchhandel vor dem Regal »Partnerschaftsratgeber« verbringen, um sich binnen Kurzem zu fühlen wie der kleine Ralphie in der herrlichen Komödie *Fröhliche Weihnachten*, der von seiner überfürsorglichen Mutter in gleich mehrere Lagen Winterklamotten gesteckt wurde, damit er sich nicht verkühlt. Jetzt hat es der kleine Ralphie wirklich warm. Aber als er auf dem Weg in die Schule umfällt, kann er leider nicht mehr allein aufstehen, weil ihn all der Dämmstoff zwischen sich und dem Leben praktisch bewegungsunfähig gemacht hat.

ES HAT SICH AUSGEKNISTERT

Es gibt kein Essen ohne Abwasch. Was wir auf der einen Seite möglicherweise gewinnen, verlieren wir auf der anderen. Und zwar ausgerechnet jene Qualitäten, die das Lieben doch erst so wunderbar machen. Wie das Knistern, dieser herrliche Soundtrack aus dem Vorzimmer der Liebe, das den Kontakt zwischen Männern sowie Frauen, auch und gerade wenn sie sich noch fremd waren, zuverlässig begleitet hat. Man hörte es im Büro, in der Straßenbahn, bei Restaurantbesuchen, in Parks, bei der Arbeit. Aber das ist schon ein paar Jahre her. Kein Mensch flirtet mehr – das erlebe ich auf Partys, in der Straßenbahn, in Klubs –, alle schauen in ihre Smartphones und erledigen dort, was sie sich analog nicht mehr zutrauen. Sharon Stone und Orlando Bloom könnten nackt in die U-Bahn zusteigen, in der wir sitzen, es wäre nicht mal sicher, ob wir das überhaupt bemerken würden. Übertrieben? Leider nein. Vor einigen Monaten schickte ein TV-Sender eine Sambatänzerin in voller Montur – Glitzer-Mikrobikini,

XXL-Federkopfschmuck, High Heels – auf einen Kinderspielplatz, wo sie eine Weile herumtänzelte. Die Befragung danach ergab, dass längst nicht jeder diese auffällige Erscheinung zur Kenntnis genommen hatte, weil alle irgendwo ins Netz abgetaucht waren. Vor allem Männer haben die für sie ohnehin als sehr anstrengend empfundene Bürde des Ansprechens und Anbaggerns mit einem Seufzer der Erleichterung an die vermeintlichen Profis weitergereicht. Schließlich war der Flirt besonders für sie mit einigen Risiken verbunden: hohe Investitionen an Nerven, Aftershave, Frustrationstoleranz und Getränken, ohne jedwede Planungssicherheit. So meinte erst letztens ein Freund: »Da lächle ich einen ganzen Abend eine Frau an. Sie lächelt zurück. Ich gebe ihr einen Cocktail aus. Sie bedankt sich. Wir reden und eine Stunde später kommt ihr Mann und holt sie ab. Das brauche ich alles nicht mehr. Ich bin nämlich jetzt bei Tinder.« Und da regiert das Effizienzdenken. Jemand einfach so anzuflirten, weil es das Leben aufregender macht? Ohne dass wenigstens ein One-Night-Stand dabei herumkommt? Vergeudete Energie! Ganz so, als hätte es sich beim Flirt um einen besonders defizitären Bereich der Stadtwerke gehandelt, haben wir uns von diesem Unternehmensbereich der Liebe ein für alle Mal getrennt.

Nun begegnen sich Männer und Frauen in der analogen Welt so neutral freundlich, als wären wir alle Geschwister. Niemand will sich mehr der Aufregung aussetzen, sich womöglich einen Korb zu holen oder sich statt eines Opernliebhabers einen Fußballfan einzufangen. Selbst all das Verschwenderische, die ganze Großmut, die wir uns von der Liebe ja auch erhofft haben und die sie uns versprochen hat, verschwindet in den Gefühlsrabattmarken-Heftchen der Onlinedating-Portale. Sie machen das Lieben enger und zu einer Verwaltungssache. Wir überschreiten für sie keine Grenzen mehr, sondern ziehen unsere Claims im Gegenteil immer strikter. Wo man schon aussuchen kann, da will man auch das Richtige wählen und die vermeintlichen Unverträglichkeiten von Beginn an aussparen. So gibt es mittlerweile

Singlebörsen für Bauern, Veganer, Hundefreunde, Pferdefans, Wohlhabende und »tierfreundliche und sozial denkende Menschen« wie etwa bei gleichklang.de. Die Special-Interest-Offerten sollen das Finden von passgenauen Deckelchen erleichtern. Faktisch sorgen sie dafür, dass wir alle hübsch in unseren Echokammern bleiben und sich die wenigen Brücken zu anderen Lebenswelten schließen. Hatte wenigstens die Liebe früher, was nicht übereinstimmte, noch manchmal passend gemacht, wird sie uns heute hübsch vorsortiert präsentiert.

Meint: Eine Veganerin verliebt sich kaum noch in einen Fleischesser, bloß weil der so süße Grübchen hat und sie schon hin und weg ist, ehe er überhaupt herzhaft in seinen Burger beißen kann. Und ein gläubiger Katholik verguckt sich nicht in eine lebenslustige Atheistin, da er das in seinem Suchprofil von vornherein ausgeschlossen hat. Der Mann unter 1,70 Meter wird schon weggewischt sein, bevor er überhaupt dazu kommt, mit Charme, Witz, Klugheit sämtliche Kerle über 1,80 Meter in den Schatten zu stellen. Die schöne Vielfalt, die die Liebe ja im Nebenjob auch erledigt und am Leben erhalten hat, verschwindet. Und mit ihr die Großmut, über diesen oder jenen kleinen Unterschied generös hinwegzuschauen oder ihn gar als wertvolle Anregung beziehungsweise Horizonterweiterung zu nehmen. Stattdessen werden wir ermuntert, unser Beuteschema möglichst stark einzugrenzen. Die Algorithmen können so viel besser arbeiten und uns mit der Aussicht ködern, man könne eine Beziehung à la carte anbahnen. Das klingt natürlich verlockend und ganz danach, als würde man vor einem riesigen Buffet stehen und dürfte sich den Teller mal so richtig mit allem vollladen, was man gern isst. Vor allem aber führt es dazu, dass wir immer dasselbe serviert bekommen, weil wir uns ja unter fachlicher Anleitung von Anfang an vor all dem verschließen sollen, was jenseits des exakt umrissenen Beuteschemas liegt. Das bestätigen auch Singlefreunde. Sven etwa, ein 45-jähriger Kameramann:»Die Frauen, die mir Parship vorschlägt, kommen oft schon mit einer Art Zehn-Punkte-Plan zum Date. Sie wissen genau, wie ich

zu sein habe und wie nicht, damit wir zusammenkommen.« Da wird
»Begeisterung für Fußball« zum K.-o.-Kriterium, nachdem irgendein
Vorgänger sein Fandasein nur als Ausrede für regelmäßiges Koma-
saufen missbraucht hat. Auch der »Motorradfahrer« fliegt raus, weil
der Ex praktisch nur noch in der Garage geschlafen hat, nachdem er
seine Harley angeschafft hatte – und nein, es gibt keine Gelegenheit,
das kleine mögliche Minus durch eine Plus-Armada auszugleichen. Es
ist wie in dem schon ziemlich alten Sketch aus *Nonstop Nonsens*, eine
der ersten Comedyserien: Ein Mann trifft sich für ein erstes Date mit
einer Frau in einem Café. Begeistert stellen sie fest, dass sie praktisch
in so ziemlich allem Wesentlichen übereinstimmen. Endlos zählen sie Dinge auf, die ihnen wichtig sind, und freuen sich über jeden
Treffer – bis einer von beiden in einem Nebensatz bemerkt, er würde irgendeine Speise nicht mögen. Sofort ist Schluss. Ist man sich ein
letztes Mal einig geworden: DAS geht ja gar nicht, daraus wird nichts!

ALLEIN UNTER VIELEN

Wir sind gnadenloser geworden. Das macht die vermeintlich enorme
Auswahl an scheinbar passenden Partnern. Sie suggeriert grenzenlo-
sen Nachschub und das wiederum führt dazu, dass wir immer weiter-
suchen und nur noch selten ankommen. Nachdem wir so genau wissen sollen, was wir wollen, sortieren wir eben auch viel konsequenter
aus – und werden wesentlich konsequenter aussortiert. Schon aus
Selbstschutz. Schließlich haben wir online die Wahl zwischen allen
Männern weltweit. Selbst wenn man das Angebot auf eine ausge-
suchte Region, ein bestimmtes Alter, ein gewisses Aussehen, einen
gewünschten Bildungshintergrund und ein definiertes Einkommen
reduziert, bleiben immer noch deutlich mehr Männer oder Frauen
übrig, als man zur Begutachtung zur Verfügung hätte, würde man
sich nur – wie früher – im nahen Umfeld umschauen. Aus der Ent-

scheidungsforschung weiß man jedoch, dass mit der Zahl der Optionen vor allem eines wächst: die Orientierungslosigkeit, aber nicht die Zielsicherheit. Eine Frau, die bloß vier Männer zur Auswahl hätte, würde demnach keine schlechtere Entscheidung treffen als eine, der das ganze männliche Universum zu Füßen liegt. Im Gegenteil. Vermutlich wäre Letztere sogar weniger glücklich mit ihrer Wahl.

Warum das so ist, erklärt der amerikanische Psychologe Professor Barry Schwartz vom Swarthmore College bei Philadelphia. Jedes »Ja« für eine Option gehe gedanklich nämlich mit einem »Nein« zu all den anderen einher. Ein Verlust, der bei nur vier oder fünf Alternativen weniger schwer wiegt als bei einer weitaus größeren Anzahl. Hätte man theoretisch – sagen wir mal – ganz Hollywood zur Auswahl, könnte man praktisch mit George Clooney nach Hause gehen und hätte trotzdem das unbestimmte Gefühl, etwas verpasst zu haben. Ashton Kutcher und Brad Pitt beispielsweise. Das liegt daran, so Barry Schwartz, dass viel Auswahl »hohe Erwartungen an die Ergebnisse unserer Entscheidung« aufbaut. Bedeutet: Je größer die Zahl der vermeintlichen Alternativen, desto größer die Angst, das Beste verpasst zu haben. Umso schwerer wird es, sich festzulegen. Und umso mehr wächst das Risiko, ein »Maximierer« zu werden. Einer also, der ständig nur auf der Suche nach etwas ist, was möglicherweise noch großartiger ist als das, was man gerade hat. Einen Pitt-Clooney-Kutcher-Typ etwa. Das kann natürlich dauern und birgt immense Risiken. Irgendwann wird man wie Bernard Fokke, der *Fliegende Holländer*, auf einem Meer an Optionen dahinsegeln, ohne Aussicht, jemals im Hafen der Zufriedenheit anzukommen. »Maximierer« verfahren nämlich so: »Sie treffen eine Entscheidung, es ist eine gute Entscheidung, und sie fühlen sich schlecht. Was heißt, dass sie sich mit jeder Entscheidung schlecht fühlen«, so Barry Schwartz.[6] Die richtige Entscheidung sei deshalb einfach die, bei der ich die Wahlmöglichkeiten für mich begrenze. Ich sage mir: »Kann schon sein, dass es irgendwo auf der Welt einen besseren Mann für mich gibt. Aber ehrlich, wer weiß, ob ich den jemals treffe, er dann zu haben ist und mich am Ende nicht auch ein paar Dinge an ihm stören werden. Möglich wäre es. Also bleibe ich einfach bei meiner derzeitigen, für mich optimalen Wahl und gebe mich damit zufrieden.« Klingt zwar ein bisschen nach Trostpreis des Lebens, ist jedoch mathematisch belegt. Eine Aufgabe, die der Mathematiker Peter Todd vom Max-Planck-Institut für Bildungsforschung in Berlin übernommen hat. Er und sein Team wollten wissen, wann genau man genug Informationen hat, um eine optimale Entscheidung zu treffen. Das Ergebnis: Wer den perfekten Partner sucht, muss im statistischen Mittel 37 potenzielle Kandidaten testen und wird – sollte er das noch zu Lebzeiten schaffen – dennoch unter dem Gefühl leiden, etwas verpasst zu haben. Wer allerdings den Partner sucht, der am besten für ihn ist, dem gelingt die optimale Wahl im Durchschnitt bereits beim zwölften Versuch. Wer Mr. Perfect wünscht, der wird Mr. Right also voraussichtlich verpassen. Umgekehrt steigen die Erfolgsaussichten proportional mit dem Absenken des Anspruchsniveaus. Um »dem Größenwahn am simulierten Heiratsmarkt gegenzusteuern«, so Peter Todd, »haben wir den Teilnehmern etwas mehr Genügsamkeit verpasst« und ein kleines Wunder bewirkt.[7] Schon wer seine Toleranzgrenzen wie »Niemals ein Mann mit Tennissocken!« oder »Auf gar keinen Fall einen Steinbock!« um ein paar Millimeter nach unten verschiebt, auf »Tennissocken sind okay, aber niemals in schwarzen Schuhen!« kann seine Aussichten immens verbessern. Das gelingt aber offenbar immer weniger Menschen. Die meisten erliegen anscheinend der Verlockung des »Candy-Shop-Syndroms«. Sie fühlen sich wie ein Kind in einem Bonbonladen, das sich etwas aussuchen soll. Es ist wie gelähmt von all den Möglichkeiten, unfähig, eine Entscheidung zu treffen, welche Süßigkeit es denn werden soll. Falls ich mich nämlich für den Lutscher entscheide, verpasse ich die Lakritzschnecke. Und wenn es die Ahoj-Brause wird, werde ich nie erfahren, wie die orangefarbenen Bonbons schmecken. Was ich habe, ist immer weniger als das, was ich nicht habe.

FRUSTRATIONSTOLERANZ VON ZWERGKANINCHEN

Laut einer Studie der Hochschule Fresenius finden nur 16 Prozent der Tinder-Nutzer auch wirklich einen Partner (sofern sie eine Beziehung suchen). Die 42 Prozent der Tinder-User, die laut der Studie sowieso schon in einer Beziehung leben, dürften mehr Erfolg haben, denn sie suchen dort vor allem Bestätigung und Sex. Warum sich auch lange mit Macken und Marotten herumärgern, wenn doch offenbar ausreichend Männer darauf warten, von uns durch Wischen nach rechts erhört zu werden? Ich bin sicher, wir waren früher eher mal bereit, uns zu arrangieren, auch aus der berechtigten Sorge, es könnte ohnehin nicht viel Besseres kommen als Martin – obwohl der Musicals hasst und nicht mal einen einzigen Roman gelesen hat. Jetzt haben wir uns die Frustrationstoleranz von Zwergkaninchen antrainiert. Wir müssen nicht mal mehr das kleinste Unwohlsein aushalten. (Was im Umkehrschluss allerdings auch bedeutet, mit uns wird ebenfalls nichts ausgehalten.) Wieso also akzeptieren, dass da einer doch deutlich mopsiger ist, als er in seinem Profil angab? Oder eine mindestens fünf Jahre älter, als sie zugeben will? Dabei schwindeln wir ja selbst, weil wir wissen: Es gibt nur diese eine Chance, sich in einem möglichst guten Licht zu präsentieren. Und sie währt durchschnittlich 20 Sekunden. So lange brauchen User, um sich für oder gegen eine Person zu entscheiden. Damit entsteht ausgerechnet bei der Suche nach der großen Liebe ein »Katalogeffekt«: Was nicht sofort überzeugt, wird ratzfatz weggewischt oder weggeklickt. Es gibt keinen zweiten Blick und auch kaum zweite Treffen, wenn das Gegenüber schon beim ersten nicht überzeugend performt.

Pech für die, die etwas länger brauchen, um warm zu werden: für die Schüchternen, Introvertierten, die Nervösen und Aufgeregten, die länger brauchen, um all ihre Vorzüge zu entfalten. So wie der Mann einer befreundeten Friseurin. Der hatte sich gleich auf den ersten Blick in sie verliebt, als er das erste Mal im Salon war. »Er kam über ein Jahr lang so oft zum Haareschneiden, dass ich manchmal gar nicht wusste, was ich da eigentlich tun sollte, außer zum Rasierer zu greifen«, erzählte sie mir. Sie hätten sich immer blendend unterhalten, viel gelacht. Bis er sich endlich ein Herz fasste und sie fragte, ob sie nicht mit ihm essen gehen wolle. »Klar wollte ich!« Der erste Abend war eine absolute Katastrophe. »Er war so wahnsinnig nervös, hat so einen Blödsinn gequatscht. Es war furchtbar. Als er mich dann nach Hause gefahren hatte, sagte er so verzweifelt ›Das war wohl das letzte Mal, dass du mit mir ausgegangen bist?!‹, dass ich antwortete: ›Auf keinen Fall. Ich möchte eine Wiederholung.‹ Beim zweiten Mal lief dann alles ganz so, wie es sich für ein Date gehört – seitdem sind wir zusammen und es ist wunderbar! Er ist ein so toller Mann!« Die beiden wären wohl kaum zusammengekommen, hätten sie nicht vorher schon ausreichend miteinander sprechen können.

Wir verpassen aber nicht bloß all die interessanten Menschen, die nicht gleich auf einen Klick die ganz große Show abziehen können. Uns entgehen auch die wichtigsten Informationen. Ja, ausgerechnet da, wo man quasi bis hin zur Schuhgröße alles über die potenziellen Kandidaten erfahren kann, fehlt die zum Verlieben überhaupt wichtigste Komponente: die legendäre Chemie. Wie jemand riecht, wie er sich bewegt, wie er aussieht, wenn er lacht. Online werden wir als Erstes bloß über das Zweitwichtigste aufgeklärt, etwa ob einer Katzen mag und italienische Opern, ein gutes Verhältnis zu seinen Eltern hat und was er am hübschesten an sich findet. Die unmittelbarsten und stärksten Eindrücke, die uns manchmal innerhalb von Sekunden umgehauen haben und dafür sorgten, dass wir alles andere eigentlich ziemlich unwichtig fanden, sind im Netz nicht zu bekommen. Die Prioritätenliste und somit diese uralte Choreografie des Kennenlernens wurden durch das Internetdating einfach auf den Kopf gestellt. Mit Folgen, so Professor Michael Häfner von der Universität der Künste

Berlin: »Da uns online nicht alle Informationen zur Verfügung stehen, füllen wir die Lücken mit unserer Vorstellungskraft und laufen Gefahr, uns den anderen so zurechtzudenken, wie wir ihn gern hätten. Das muss nicht zwangsläufig mit der Realität zu tun haben.«[8] Führt aber zwangsläufig zu Enttäuschungen. Dazu braucht einer nicht mal den ganzen Abend an seinen Nägeln herumzukauen oder in der Nase zu bohren oder am Ende zu sagen: »Die Rechnung getrennt bitte!« Es genügt schon, dass er einfach anders ist, als wir ihn uns – meist ja in den schönsten Farben – ausgemalt haben. So wie meine Freundin Carla. Die 55-jährige Sozialarbeiterin ist schon eine Weile online auf der Suche und hat das ein oder andere Mal durchaus vielversprechende Kandidaten in Aussicht gehabt: »Wir haben manchmal vor einem ersten Treffen lange geschrieben und telefoniert, weil ich in meinem Job sehr unregelmäßige Arbeitszeiten habe und die Männer meiner Generation oft auch ganz schön beschäftigt sind.« An ihrer Seite habe ich oft miterlebt, wie glücklich sie war, wenn sie einen gefunden hatte, der klug und humorvoll schrieb, der vielversprechend sympathisch aussah, der am Telefon eine schöne Stimme hatte und nicht einmal »als« und »wie« verwechselte. An dem es nichts auszusetzen gab – jedenfalls aus der Ferne und anhand der Daten, die sich auf den Kommunikationskanälen darstellen lassen. Bis das erste Date anstand. Dazu Carla: »Du gehst in das Restaurant, du siehst ihn da sitzen und weißt sofort: Das wird nichts. Da ist nicht mal der Hauch einer Verliebtheit. Ich kann dir gar nicht sagen, warum. Es ist einfach so!« Professor Michael Häfner rät in solchen Fällen zu einem zweiten Date. »Auch, um zu erfahren, ob wir nur enttäuscht sind über uns, weil unsere Vorstellung nicht stimmte oder weil der andere wirklich nicht zu uns passt.«[9]

Es sich einfach machen zu wollen ist immer das Komplizierteste. Klar kann man ein wenig Unterstützung gut brauchen. Zumal, wenn es um Männer geht. Aber das Lieben ausgerechnet vertrauensvoll in die Hände jener zu legen, die damit allein in Deutschland jährlich knapp 90 Millionen Euro umsetzen, die also davon leben, dass wir nicht alle schockverliebt den kostenpflichtigen Teil des Singlemarktes für alle Zeiten verlassen, ist keine sehr gute Idee. Liebe, Leidenschaft, Herzflattern, Glück wie eine Serviceleistung einkaufen zu wollen kostet eben manchmal genau das. Schon längst behauptet die US-Autorin Nancy Jo Sales, die Romantik sei tot, gemeuchelt von einer »Dating-Apokalypse« namens Tinder und Co. Heutzutage würde man Sex beziehungsweise einen Partner wie eine Pizza bestellen und es dabei keinesfalls mehr dem Lieferservice »Schicksal« überlassen, wie er sie belegt. Könnte ja sein, dass es einen Altenpfleger liefert, obwohl man doch eigentlich einen Juristen angefordert hatte. Das wolle niemand mehr riskieren und deshalb möglichst auf Nummer sicher gehen. Nicht nur am Anfang, sondern am besten gleich, »bis dass der Tod uns scheidet«.

Einhörner to go

»Du fragst mich, Kind, was Liebe ist?
Ein Stern in einem Haufen Mist.«

Heinrich Heine

DER SCHÖNSTE VERLOBUNGSRING ALLER ZEITEN

Kürzlich erzählte eine ältere Kollegin in der Mittagspause, dass sie den Hochzeitstag ohne ihren Mann verbracht hätte. »Ehrlich gesagt, als ich den Besuch bei meiner Freundin in Hamburg plante, hatte ich den Termin überhaupt nicht auf dem Zettel.«Ihr Mann sei deshalb keinesfalls böse gewesen,»den strengen solche Termine sowieso arg an«. Gut, die beiden sind schon eine Weile verheiratet, trotzdem merkte man es den jüngeren Kolleginnen am Tisch an, wie stark sie das an eine Kapitulationserklärung erinnerte.»Also für mich käme das nicht infrage«, sagte die eine,»mein Mann weiß schon, dass er sich da ordentlich ins Zeug legen sollte. Und natürlich planen wir schon Wochen vorher, was wir an dem Tag tun werden.« Man könnte die unterschiedlichen Erwartungen der jeweiligen Altersgruppe den verschiedenen Stadien der Liebe zuschreiben. Aber das würde es nicht ganz treffen. Natürlich gibt es auch in der Ehe der älteren Kollegin romantische Momente. Die sind zwar nicht ganz so plakativ, aber durchaus mindestens ebenso süß wie das standardisierte Candle-Light-Dinner im benachbarten Schlosshotel für 58 Euro, inklusive einem Glas Champagner (0,1 l), das die Jüngere sich mit ihrem Mann beim letzten Hochzeitstag »gegönnt« hatte. Die Ältere erzählt, was für sie bislang das Romantischste war, das ihr Mann für sie getan hat:»Wir haben beide lange geraucht und irgendwann damit aufgehört. Harald hat allerdings bald heimlich wieder angefangen. Habe ich natürlich gemerkt. Aber nichts gesagt. Er hat aber wieder aufgehört. Dafür habe ich dann bei einer Feier eine Zigarette geraucht und heimlich weitergequalmt. Nie hat er ein Wort darüber verloren, wenn es im Auto – trotz allen Lüftens – sicher immer auch ein wenig nach Rauch gerochen hat. Im Urlaub war das natürlich schwierig, an meine Nikotindosis zu kommen. Wir waren ja quasi 24 Stunden zusammen. Aber ich habe gemerkt, dass er mir dafür Gelegenheit gab. Er trödelte zum Beispiel immer extralange beim Brötchenholen, damit ich schon mal eine rauchen konnte.« Mittlerweile ist sie längst wieder von den Zigaretten los. Aber die Geschichte ist immer noch gut. Schon weil da ein Mann seiner Frau zuliebe auf die so enorm günstige Gelegenheit verzichtet hat, sie zu belehren, aufzutrumpfen, erzieherisch tätig zu werden. DAS finde ich mordsromantisch. Und ganz im Sinne von Oscar Wilde, der einmal meinte, es läge in der Natur der Romantik, sich nicht vorschreiben zu lassen, wo und wie sie sich zu zeigen hat – und wie teuer sie zu sein habe, damit wir wissen, dass es Liebe sein muss. Die wahre Romantik, die, die das Herz ergreift und an die man sich noch erinnert, wenn man mit 90 alles vergessen hat, war zu ihrer Geburt im 18. Jahrhundert ohnehin als Individualist und Freigeist gedacht. Aufgrund der Industrialisierung hatte man damals eine große Sehnsucht nach Innerlichkeit, nach einem emotionalen Mehrwert, nach Gefühlen und einem Ausbruch aus einem beschwerlichen Dasein. Man wollte das Yin zum Yang des Alltags, ein Gegenmodell zur Ratio, einen »Stern in einem Haufen Mist« (Heinrich Heine). Ganz ähnlich ergeht es uns heute. Auch wir befinden uns in einer großen Umbruchphase. Müssen in einer Welt zurechtkommen, in der wir einerseits alles berechnen können, in der uns die Software sogar das Flirten (Tinder und Co) und die Freundschaftspflege (Facebook, Instagram) abnimmt. Andererseits erleben wir dank Corona einmal wieder, dass wir überhaupt nichts kontrollieren können und ständig alles möglich zu sein scheint: Pandemien ebenso wie Superzecken und vermutlich bald auch die ersten Aliens. Mit dem so paradoxen Ergebnis, dass wir auch in unseren Beziehungen Herzklopfen mit Planungssicherheit suchen, das Abenteuer mit Happy-End-Garantie, Einhörner to go sozusagen. Oder wie die Soziologin Eva Illouz, die sowohl an der Hebräischen Universität Jerusalem als auch in Paris lehrt, es formuliert: eine »sehr vernünftige Verrücktheit«. Für ihre Studie *Der Konsum der Romantik* hat sie sich intensiv mit unseren Erwartungen an eine ideale Zweisamkeit befasst. Die setzt sich demnach idealerweise aus hemmungsloser Leidenschaft in der im Wochen im Voraus gebuchten Romantikhotelsuite (Rosenblätter auf dem Bett inklusive), aus dem Herzflattern bei akribisch durchgeplanten Traumhochzeiten und – für die ganz Mutigen – aus Sexterminen wie der Mottoparty »Venezianische Nacht« im Swingerklub mit Nudelsalat, Frikadellen und Privatspind zusammen.

»Authentizitätsfallen«, so nennt der Kunsthistoriker und Publizist Christian Saehrendt in seinem Buch *Gefühlige Zeiten* diese Romantikenergydrinks, gebraut aus lauter synthetischen Süßstoffen in den Laboren von Eventmanagern, Hochzeitsausstattern, Reiseveranstaltern. Sie versprechen Genuss ohne Reue, das angsteinflößende Ungeheuer »Zufall« in ein Schoßhündchen zu verwandeln. Aber wie das mit Ersatzstoffen nun mal so ist: Sie machen bloß immer nur gierig nach mehr, ohne jemals die Sehnsucht nach dem Echten zu befriedigen. Sie erschaffen außerdem Bilder, die unsere Romantikvorstellung prägen und Maßstäbe setzen, an denen wir unsere Liebe sowie uns messen lassen müssen: »Was? Du hast noch kein Liebesschloss am Eisernen Steg? Wer weiß, ob dein Mann wirklich noch der Richtige ist!« Oder: »Wie? Der Heiratsantrag fand ohne Feuerwerk statt? Kein youtube-taugliches Großevent? Ob das wirklich Liebe sein kann?« Klar funktioniert die Retortenromantik: das malerische Wochenende im Wellnesshotel inklusive Candle-Light-Dinner, Rosenblätter auf dem Hotelbett, der Ring, der überraschend im Dessert auftaucht. Sie wirken wie ein Romantikesperanto – diese Gesten werden überall verstanden und man weiß gleich, dass es Liebe sein soll. Aber trotzdem bleibt da immer ein schales Gefühl, wenn man dann im Hotelrestaurant sitzt, wo auch die Tische anderer Pärchen mit einer halben Flasche Champagner und einer Rose ausgestattet sind, weil das zum Pauschalangebot gehört. Und man denkt: Sollte es nicht anders sein? Aufregender, abenteuerlicher, prickelnder? Besonders, einmalig? Sollte Romantik nicht ein Ausstieg aus dem Alltag sein und nicht einen eigenen erschaffen? Hätten wir nicht besser mal etwas wagen sollen – und sei es nur, sich abseits des Romantikmainstreams zu bewegen? Anstatt vor lauter Angst, danebenzulieben, immer auf Nummer sicher gehen zu wollen? Erkennen wir nicht mal mehr selbst, wann es Liebe ist und mit wem sich dieses großartige Zukunftsprojekt realisieren lässt? Brauchen wir dazu immer einen kostenpflichtigen Simultanübersetzer? So wie »Laura Müllers Verlobungsring von Rauschmayer – als Nachahmung in Sterlingsilber mit Zirkonia« für 59 Euro.[10] Ein weiterer Tiefpunkt aus der Rubrik »Discounterromantik«. Mit diesem »Statement puren Glücks« hatte der Wendler seiner Freundin einen Heiratsantrag gemacht und seitdem kann man das »Unikat« als Replik kaufen. Mit ihm sollen auch die Gefühle erhältlich sein, die auf der Website des Anbieters praktischerweise gleich mitgeliefert werden: »Das ist der schönste Verlobungsring, den ich mir je hätte erträumen können.«[11]

Aber hat nicht Gunter Sachs für Brigitte Bardot Rosen regnen lassen? Aus einem Hubschrauber? Und hat nicht der Mann der Freundin ihr einfach mal so ein paar Tickets für ein Wochenende nach Paris hingelegt? Nach oben ist immer noch Luft, also Platz für Enttäuschungen. Es ist wie mit allem: je höher die Dosis, umso größer die Gier nach mehr. Natürlich ist es möglich, auf Tinder den tollsten Mann der Welt zu finden, und auch ein Candle-Light-Dinner kann wunderbar sein, zumal wenn der Gastgeber dafür auf ein wichtiges Fußballspiel verzichtet hat. Überhaupt ist nichts gegen kommerzielle Romantikangebote einzuwenden. Sie wirken gerade in langen Beziehungen wie ein Romantikreminder, wie ein Aufzug, der tut, wofür man ihn bezahlt: einen zuverlässig auf Wolke sieben bringen. Ob wir dort den nächsten Einkauf besprechen oder noch einmal heimlich in das – eigentlich – geschlossene Hotelschwimmbad schleichen, das macht vielleicht letztlich den Unterschied. Ganz viel spricht ja dafür, einfach zu improvisieren, sich fallen zu lassen, darauf zu vertrauen, dass er oder sie schon verstehen wird, wie wir unsere Gefühle ausdrücken. Ganz jenseits der Romantikautobahnen – auf den Feldwegen der Liebe. Ja, auch auf die Gefahr hin, dass es dort regnet, die Ameisen das Picknick entern, in der Nähe Erlen blühen und man davon sofort Ausschlag bekommt. »Klar ist sicher, dass ohne Lust zum Risiko wir gar nicht wüssten, wie verschiebbar die Wirklichkeit und ihre Grenzen sind«, meinte der Schweizer Philosoph und Publizist Georg Kohler einmal.[12] Das gilt genauso für die Liebe. Wir werden nie erfahren, wie besonders sie ist, wenn wir ihr – aber auch uns – keine einzige klitzekleine Chance mehr geben, einmal wieder anders sein zu dürfen und uns zu verwandeln.

ANDERS ALS GEDACHT

Wenn kleine Kinder stürzen, und zwar nicht arg, gibt es einen kurzen Moment, in dem sie selbst überlegen, wie schlimm es wohl ist. Entscheidend ist nun, wie besorgt sich die Erwachsenen zeigen. Bleiben sie cool und helfen ganz ruhig beim Aufstehen, ist ja offenbar nichts weiter passiert und das Kind bleibt entspannt. Nimmt den Sturz gelassen. Eilen die Eltern dagegen sofort panisch zu Hilfe, muss es wirklich übel sein. So fühlen wir uns mittlerweile in unseren Beziehungen: Wo einem derart viele unter die Arme greifen wollen, ist die Sache anscheinend ernst und die Liebe offenbar ein Schwerstpflegefall. Wird der dringende Verdacht genährt, dass wir es allein eben nicht mehr draufhaben: eine Beziehung am Leben zu halten oder wenigstens mit Anstand zu Ende zu bringen. Das »Nichtwissenkönnen«, wie es zwischen zwei Menschen laufen wird, die Hochs und Tiefs, die nun mal serienmäßig in jeder Partnerschaft eingebaut sind, werden zum Störfall erklärt. Dauernd poppen Fragen auf: Müssten wir nicht mehr Sex haben? Sollte der nicht großartiger sein? Wieso sitzen wir nur zusammen auf dem Sofa und sind nicht gemeinsam im Tanzkurs, beim Tantra oder wenigstens im Yoga? Müsste unsere Beziehung nicht intensiver sein? Sollte sie mich nicht glücklicher machen? Könnte ich mich nicht besser fühlen? Wertgeschätzter? Im Kino, im Roman und in der Werbung lassen wir uns vorführen, wie das Existenzminimum einer gelungenen Partnerschaft auszusehen hat. Coaches sowie Ratgeber erklären uns, wie es zwischen uns idealerweise laufen sollte – und wie auf keinen Fall. So kommt es immer wieder zu der paradoxen Situation, dass wir uns eigentlich ziemlich gut fühlen würden, hätten wir da nicht eben den Podcast eines Beziehungscoaches gehört. Dort haben wir erfahren, wie viel an »Beziehungsarbeit« noch zu erledigen wäre, bevor man endlich sagen könnte: »Wir haben echt dauernd ganz doll Glück miteinander.« Kürzlich beschwerte sich eine Freundin, die seit mehr als 20 Jahren verheiratet ist, und zwar, wie es aussieht, mit einem sehr zugewandten, interessierten Mann: »Mein Mann spricht viel zu wenig mit mir!« Sie interpretierte seine Zurückhaltung bei den von ihr verordneten Gefühlssezierdebatten gleich als Symptom einer allgemeinen »emotionalen Verarmung«. Auf Nachfrage stellte sich heraus, dass ihr Mann durchaus viel zu erzählen hatte. Von seiner Arbeit, seinen Erlebnissen auf den langen Fahrradtouren, die er mit Freunden unternimmt. Bloß nicht das, was sie hören wollte. »Wir müssen doch über uns reden, unsere Gefühle. Wie wir zueinander stehen!« »Aber warum? Ihr kennt euch schon so lange – sollte das nicht längst geklärt sein?«, wollte ich wissen. »Na ja, wegen der Nähe!«, meinte sie. Ob die sich herstellt, wenn sie die Themen vorgibt? Nachdem es sie eigentlich nicht wirklich interessiert, was er gern mit ihr teilen würde?

Studien bestätigen immer mal wieder, Frauen seien traditionell ohnehin beziehungsorientierter als Männer, die lieber Sachthemen teilen. Natürlich empfinden Frauen ihre Haltung als »gesünder« und »produktiver« – und nicht nur sie. In unserer durchpsychologisierten Gesellschaft ist es ja längst beschlossene Sache, dass man sein Innerstes möglichst nach außen tragen und seine Beziehung auf Dauerreflexion schalten sollte. Auf dieses Ungleichgewicht baut ein ganzer Wirtschaftszweig. Er lebt davon, Frauen darin zu bestärken, Männer als eine Art Gefühlsgrundschüler zu betrachten, die man nur mit sehr viel Nachhilfe durch die höhere Beziehungsreife bringen kann. Das soll nicht die stumpfe Selbstgenügsamkeit rechtfertigen, die manche Männer auf der anderen Seite dokumentieren. Wenn sie etwa in Umfragen stets angeben, in ihrer Ehe würde alles bestens laufen, während ihre Frauen schon die Koffer packen und die Scheidung planen. Aber es sei der Einwand erlaubt, ob vieles, was wir in unseren Beziehungen gefälligst anzustreben haben sollen, auch wirklich seinen Zweck erfüllt. Ob die Verunsicherung, zu der der ständige Abgleich mit den vermeintlich idealen Beziehungsbedingungen führt, nicht erst das schafft, was er doch zu verhindern verspricht: Unzufriedenheit und Unglück. Ob uns das wirklich darin bestärkt, selbstbewusst so wortkarg oder wortreich, so überschwänglich oder minimalistisch, so leidenschaftlich oder auch distanziert zu lieben, wie es eben nur zwei Menschen für sich zu zweit aushandeln können.

Ich habe mir einige dieser Gefühlserweckungsgottesdienste angehört und angeschaut – und war erstaunt über das Maß der Unsicherheit, das sich da bei den jeweiligen Klienten offenbarte. Über diese übergroße Sehnsucht nach Orientierung, nach Aufmerksamkeit, nach Bestärkung, die man allein scheinbar gar nicht mehr stillen kann. Diesen Zuspruch zu liefern und die Klienten darin zu bestätigen, dass sie ihn verdient haben und einfordern dürfen, genügt – fast – schon, um sich zum Beziehungspropheten zu qualifizieren. Und natürlich ein wenig psychotherapeutisches Tamtam, für das bereits eine Ausbildung zum Heilpraktiker für Psychotherapie (Dauer: 27 Wochenenden, Zugangsvoraussetzung: mindestens Hauptschulabschluss) vollkommen ausreicht. Natürlich neben der Erfahrung, mit »Tausenden von Paaren« gearbeitet zu haben. Ob man sich auch von jenen behandeln lassen würde, die sich immer mal wieder als Anästhesisten, Chirurgen, Psychiater oder Allgemeinärzte betätigten, obwohl sie eigentlich »nur« Krankenpfleger waren oder ihr Medizinstudium nicht abgeschlossen hatten? Und heißt es nicht: »Wer heilt, hat recht«? Mag sein. Aber letztlich kann man in diesem partnerschaftlichen Coachkosmos sowieso niemals falsch liegen. Sollte der Taschenspielertrick nicht funktionieren, liegt es ja nie am Trick, sondern an jenen, die sich eben »nicht eingelassen« haben, »nicht offen« gewesen sind oder es »nicht wirklich wollten«. Logisch. Wo wir die »Schöpferinnen unseres Lebens« sein sollen, sind wir eben auch die Urheberinnen unserer Beziehungshavarien. Ob man sich allerdings wirklich grämen sollte, sofern ein Mann nach 27 Ehejahren eben nicht von Leidenschaft übermannt seine Frau nach dem Einkauf im Supermarkt noch im Wohnungsflur auf den Flokati zieht, sondern fragt, wann es Essen gibt? Wenn es nicht mehr täglich Sternschnuppen regnet? Ob man vielleicht nicht etwas ganz anderes braucht als dauernde Ausbesserungsarbeiten an der Liebe? Mehr »so isses« als »wünsch dir was«? Schon aus Selbstschutz? Und um dem großen Beziehungsmimimi einfach mal den Saft abzudrehen?

Jede Beziehung – finde ich – hat ihre eigene Logik. So wie jeder Mensch. Wer sich in einen ruhigen, zuverlässigen Bausparer verliebt hat, weil er eben ein ruhiger, zuverlässiger Bausparer ist, darf nicht erwarten, dass er am Samstagabend zum Discokönig mutiert, nur weil einem selbst danach wäre. Umgekehrt wird ein Chaot nicht plötzlich die Gewürze in der Küche alphabetisch ordnen oder sich daran erinnern, dass Topfblumen leider nicht allein von Luft und Liebe leben. Daran wird sich auch nichts ändern, wenn man droht, sein Auto anzuzünden, sollte er nicht endlich anfangen, ein anderer zu werden, oder ihn täglich zum Gespräch bittet. Mit dem Schlachtruf »Den bieg ich mir schon hin!« vergeuden ohnehin viel zu viele Frauen viel zu viel Zeit und Energie damit, den Mann zu neuen Ufern führen zu wollen. In der trügerischen Annahme, es handle sich bei einem Mann – frei nach Katja Kessler – um einen »Rohstoff und kein Fertigprodukt«. »Unter 100 Frauen sind 90, die sich ihre Männer erziehen«, heißt es bei Frank Wedekind.[13] Und es gehört zu den unausrottbaren Legenden, ein Mann würde erst durch die Bemühungen einer Frau quasi zum

Menschen gemacht. Nichts strapaziert aber selbst die größte Liebe mehr als das Gefühl, dem anderen nicht zu genügen, so wie man halt nun mal ist. Dass es immer noch Verbesserungsbedarf gibt und keinen einzigen winzigen Moment, in dem einmal alles gut ist. Warum nicht Unvereinbarkeiten bisweilen einfach unter den Teppich kehren, anstatt sie ewig auf »Wiedervorlage« zu setzen. Unter die Auslegeware gehören nämlich exakt 69 Prozent aller Konflikte und allen Unwohlseins in Beziehungen. Zu diesem Ergebnis kam der amerikanische Psychologe und emeritierte Professor für Psychologie an der University of Washington John Gottman in seinen jahrelangen Studien. Er sah, wie viele Paare sich im 25. Jahr ihrer Ehe noch genauso unerbittlich über bestimmte Themen stritten wie im ersten – ohne dass sich in all den Jahrzehnten irgendetwas zum Besseren bewegt hätte. Er stellte aber auch fest, dass die glücklichen Paare gleich von Beginn an aufgehört hatten, diese Art von unlösbaren Konflikten auszufechten, sie einfach früh zu den Akten gelegt hatten. Nämlich, als sie merkten, sie kommen da nicht weiter. Das bedeutet nicht, man müsse sich alles bieten lassen. Aber es nimmt auch ein wenig die Luft aus den so monströs aufgeblasenen Beziehungsverbesserungsprogrammen, die aus der Zweisamkeit eine Hauptbeschäftigung machen wollen – so wie für die Coaches. Man kann sich natürlich auch darüber ärgern und sich fragen, warum für solcherlei Angebote stets die Heterozweisamkeit die Matrix abgibt. Und zwar nicht etwa die auf Zeit, sondern die – das ist ja das Ideal –, die ein Leben lang währt und natürlich für die gesamte Laufzeit ein »höheres körperliches Erleben« vorsieht, »welches nur in der Partnerschaft und bewusst gefunden werden kann«. So steht es zumindest auf der Website vieler Beziehungsberater. Falls nicht, kann man den Kurs »Sex ist Liebe« buchen und lernen, dass »Sexualität« eben nicht gleich »Lustbefriedigung ist«. Wäre jetzt nicht ganz mein Ziel. Ich persönlich finde ja, man kann auch ohne Liebe sehr guten Sex haben. Und für viele Paare wäre ohnehin bereits viel gewonnen, gäbe es einfach bloß mal wieder »Lustbefriedigung«

ohne diesen ganzen ideologischen Ballast, der so etwas wie geilen Sex nur unnötig verkompliziert. Außerdem glaube ich keinesfalls daran, dass »wir mit unserer Liebe alles bewirken können«. Wäre es so, hätten wir längst mindestens so viele Frauen in den Vorständen wie Männer. Es würden hierzulande nicht jährlich 122 Frauen von ihren Männern oder Partnern getötet und es würden nicht knapp 115.000 Frauen Gewalt durch ihre Partner oder Ex-Partner erfahren. Wir hätten gerechte Bezahlung, eine bessere Kinderbetreuung und überhaupt einen respektvolleren Umgang mit Frauen – und zwar jeden Alters, nicht erst nach der Vorsortierung in »fickbar« und »unfickbar«. Ich finde, Frauen haben in den letzten Jahrhunderten wirklich schon ausreichend genug geliebt, um mit ziemlicher Sicherheit sagen zu können, dass man daraus keine Vollzeitbeschäftigung machen sollte, weil diese Methode uns nicht sehr weit gebracht hat. Ich würde es stattdessen viel lieber mit mehr Entschiedenheit versuchen: für Gleichberechtigung, Frauenrechte, Frauenquote, für eine faire Aufteilung der Hausarbeit. Ich bin überzeugt davon, dies hätte auch fantastische Auswirkungen auf die Beziehungszufriedenheit und natürlich auf den Sex.

DIE REGENSCHIRMMETHODE

Laut Beziehungs- und Familienpanel pairfam, der mit 12.402 Teilnehmern wohl umfangreichsten Datensammlung rund um die »partnerschaftlichen und familialen Lebensformen in Deutschland«, sind es gerade die viel zu hohen Erwartungen, die Beziehungen so in Schräglage bringen. Wenn jede Kleinigkeit sofort für Beunruhigung sorgt und gleich das große Ganze – die »Beziehungsfähigkeit« – infrage stellt. Dabei, so ein weiteres pairfam-Ergebnis, hängt die Beziehungsdauer und -zufriedenheit nicht etwa von inneren Faktoren, sondern vor allem von äußeren Umständen ab. Vom Jobfrust, von Elternschaft, von finanziellen Sorgen, Arbeitslosigkeit oder auch schweren Erkrankun-

gen. Was Paare stärkt, sei demnach das »dyadische Coping«, die Fähigkeit, gemeinsam äußere Belastungen abzufedern. Das fand auch der
Psychologe Guy Bodenmann, der als Professor an der ETH Zürich ver-
ortet ist, in seinen Studien bestätigt. Zufriedene Paare unterscheiden
sich demnach von unzufriedenen hauptsächlich dadurch, dass sie sich
gegenseitig unterstützen, sich seltener kritisch beurteilen und schneller praktische Hilfe anbieten. Im Prinzip ist das Einzige, was man
dann noch tun muss, für sich zu entscheiden, wie froh man über den
Partner sein kann, anstatt darüber nachzugrübeln, warum auf dem
Ehebett bloß die Tagesdecke liegt und keine Rosenblätter. Überhaupt
besteht die ganze Kunst des Lebens darin zu wissen, wann es gut ist.
Für uns. Nicht für die anderen. Nicht absolut betrachtet. Nicht im Vergleich zu den Nachbarn, auch nicht zu Verona Pooth oder Bridget Jo-
nes und schon gleich gar nicht zum Wendler und seiner Laura Müller.
Das gilt auch für die ständige Suche nach Liebesbeweisen, das andau-
ernde Abarbeiten eines vermeintlichen Romantik- und Reflexions-
plansolls. Laut des amerikanischen Essayisten Jimmy Cannon gibt es
am Ende sowieso nur ein günstiges und gleichermaßen untrügliches
Indiz dafür, dass es bei einem Mann die ganz großen Gefühle sind:
»Wie sehr ein Mann eine Frau liebt, beurteile ich danach, wie viel Platz
er ihr unter dem Regenschirm einräumt.«[14] Sparen Sie sich also den
Beziehungsratgeber, das Liebesschloss, das Candle-Light-Dinner, das
Wochenende mit dem Beziehungscoach und überhaupt die ganzen
Liebestermingeschäfte. Besorgen Sie sich einfach einen Regenschirm.
Der ist genauso gut oder schlecht wie alle anderen Liebesorakel.

Nichtstun für Fortge-schrittene

»Bald wird es gleichgültig sein, ob man glücklich oder unglücklich ist, weil man für keines von beiden Zeit haben wird.«[15]

Tennessee Williams

NIE MEHR ALLEIN

Kennen Sie den herrlichen Film *Kitchen Stories?* Die wunderbar-skurrile norwegische Komödie basiert auf einem authentischen Hintergrund: In den 1950er-Jahren hatte das schwedische Forschungsinstitut für Heim und Haushalt das Verhalten von Hausfrauen in ihren Küchen untersucht, um die Arbeitsabläufe zu rationalisieren und die optimale Anordnung von Küchengeräten herauszufinden. Der Film greift das Thema auf und spinnt es weiter. Nun werden allerdings die Gewohnheiten von norwegischen Junggesellen in ihren eigenen vier Wänden unter die Lupe genommen: Jeder Teilnehmer bekommt einen Beobachter zugeordnet, der von einem Hochsitz aus in den Wohnungen akribisch den Alltag der Herren zu protokollieren hat. Von oben herab wird geschaut, wie sich die alleinstehenden Herren ihr Essen zubereiten, wie sie ins Bad schlurfen und sich bettfein machen. Das Gute: Die einsamen Wölfe sind nie mehr allein. Das Schlechte: Nichts bleibt mehr privat, alles wird notiert, analysiert, bewertet.

Mittlerweile habe ich allerdings das Gefühl, dass dieses Experiment weltweit durchgeführt wird. Dass sich in unserer Privatsphäre gleich ein Dutzend Beobachter fest eingenistet haben, um streng zu kontrollieren, was wir tun und wo es Verbesserungsbedarf gibt, um uns schließlich dahingehend zu coachen. Also wie wir angeblich noch mehr Erfüllung, mehr Glück und mehr Perfektion erlangen. Einer dieser Hochsitze steht etwa in meinem inneren Pausenraum. Ich höre jedenfalls immer häufiger ein missbilligendes »tststststs« von irgendwo da oben, das sich zu einem lautstarken Blätterrascheln steigert, als würde da jemand hektisch eine seitenlange Fehlermeldung zu Papier bringen, wenn ich mich einfach mal so erschöpft aufs Sofa fallen lasse. Mit keiner weiteren Absicht, als dort haltlos herumzulümmeln. Manchmal klingt es sogar verdammt nach Schnappatmung – beispielsweise sobald ich auf dem Balkon sitze und in den Himmel schaue. Oder bloß einen Kaffee trinke. Vielleicht schon den vierten oder fünften an diesem Tag, und dazu ein Schokoladeneis esse. SCHOKOLADENEIS!!! OH MEIN GOTT! Auf dem imaginären Hochsitz hat offenbar gerade jemand ganz dringend die Herzdruckmassage nötig, die ich wegen der ernährungsphysiologischen Sünden auch bald brauchen werde. Ich höre förmlich, was der Beobachter so von sich gibt: »Du meine Güte, sie könnte in diesen 30 Minuten doch jetzt ebenso gut ein paar Vokabeln für den Onlinesprachkurs lernen, den sie schon seit Ewigkeiten vor sich herschiebt. Oder wenigstens ein bisschen meditieren. Weiß sie nicht, wie schon wenige Minuten innerer Einkehr helfen, sich besser zu fokussieren und Stress zu reduzieren? Danach könnte sie dann die Achtsamkeitsübungen machen, die ihre Freundin – übrigens ein leuchtendes Vorbild in Sachen Entspannungsmanagement – ihr schon so lange andient. Oder aber das Sporttutorial *Crunch richtig ausführen* absolvieren. Und wenn sie zu alldem keine Lust hat, wenigstens ihre spirituell, geistig, seelisch UND kalorisch gänzlich nährwertlose Pausengestaltung filmen und auf Insta oder Facebook stellen, damit sie zumindest den Tatbestand des Social Networking erfüllt.«

Ja, immer gibt es noch etwas Besseres zu tun. Gerade in der Pause. Die ist längst auch auf dem Radar der Effizienzdenker aufgetaucht. Und so wird nun das letzte Brachland in einer voll durchkultivierten Optimierungslandschaft emsig beackert, mit kreativem Potenzial gedüngt und inneres Wachstum gesät. Die Rast zum Nutztier machen, damit auch sie ordentlich was bringt: mit Sport, Achtsamkeit, Entspannungsübungen, Meditation … Nichts sollte idealerweise beim Nichtstun mehr einfach so geschehen. Wir werden im Gegenteil pausenlos dazu angehalten, das Maximum aus unseren Pausen und damit aus uns herauszuholen. Dafür gibt es so viele Vorschläge, dass man mindestens noch mal eine Extrapause braucht, um sich allein von der Sichtung der Optionen zu erholen. Angefangen bei den tausendundeinen Gelegenheiten, seinen Körper in Bestform zu bringen, über die Angebote, den Horizont mit Museums-, Theaterbesuchen, Kino und Lektüre zu erweitern, bis hin zu den Möglichkeiten, die beruflichen

Chancen mit neuen Fremdsprachen, Coachings, Fortbildungssemi-
naren an den freien Abenden oder Wochenenden zu nutzen. Bräsig
wie ein Sitzsack daheim herumzuliegen ist bei alldem keine wirkliche
Option mehr. Wenig erstaunlich also, wenn Zeitdruck in Umfragen
regelmäßig auf den Spitzenplätzen unserer Lieblingssorgen landet.
Dabei steht uns rein rechnerisch mehr von dem kostbaren Lebensroh-
stoff »Zeit« zur Verfügung als je zuvor: Wir werden immer älter, arbeiten immer weniger und haben mehr Freizeit als jede Generation vor
uns – ganze 2.591 Stunden pro Jahr. Und dann sind wir auch noch viel
schneller als früher. Um ganze zehn Prozent hat die Schrittgeschwin-
digkeit von Passanten in den Industrieländern im Durchschnitt zugenommen. Wir hetzen nicht nur durchs Leben, wir versuchen auch
anderweitig nach Kräften Zeit zu sparen. Wir haben Maschinen, die
uns im Haushalt unter die Arme greifen, wenn es die Männer schon
nicht tun. Wir kochen immer seltener und lassen uns unser Essen immer häufiger vom Bringdienst liefern. Auch ich spare Zeit, wo ich nur
kann. Indem ich mir die Zähne putze und gleichzeitig Kaffee koche,
im Nagelstudio die Mails checke und meine Reisen online buche, anstatt mich stundenlang im Reisebüro über die notwendigen Verbin-
dungen zu informieren. Beim Fernsehen surfe ich durchs Netz und
beim Joggen höre ich Podcasts. Ich müsste also längst Zeitmillionärin
sein. Stattdessen eile ich wie das weiße Kaninchen aus *Alice im Wunder-
land* – »Keine Zeit, keine Zeit!« – nun auch noch durch das, was einmal
meine Mußestunden waren. Das macht Druck und den versucht man
natürlich loszuwerden. Mit immer neuen Terminen. Ausgerechnet
auch zur Entschleunigung. Zum Zeitmanagement. Zur Entspannung.

»Wir haben nicht zu wenig Zeit, sondern zu viel zu tun!«, so der
Zeitforscher und Mitbegründer der Deutschen Gesellschaft für Zeit-
politik, Karlheinz Geißler. »Wir stopfen immer mehr in unseren Alltag und das macht die Zeit eng.«[16] All die Anforderungen, denen wir
gerecht werden wollen, das Gefühl, nichts auslassen zu dürfen, überall mithalten zu müssen. Niemand sitzt schließlich gern am Rande

des Trendstroms, wenn in der Mitte offenbar alle anderen unglaublich viel Spaß beim Stand-up-Paddling haben. Dafür müssten wir aber den Nachmittagskaffee bei Tante Hilde canceln, können nicht die neueste Ausstellung im Museum für Moderne Kunst anschauen oder mit den Kindern ins Kino. Es gibt so vieles, was man tun sollte. Und je mehr es gibt, umso stärker das Gefühl, dass man das meiste und sicher das Wichtigste wieder mal nicht gebacken bekam. Befördert wird dieses Gefühl noch von den »Neidbildern« auf Instagram oder Facebook, in denen andere – tüchtigere – Menschen vorführen, dass es nun auch in der Freizeit eine Menge Siegertreppchen zu erklimmen gilt. Mit Fotos, die herrliche Ausflüge, prächtige Gärten, tolle Kochkünste, sportive Höchstleistungen, kulturelle Highlights, touristische Großtaten zeigen. Klar, all das wird nicht von ein und derselben Person absolviert, aber in unseren Köpfen formieren sich die Verlockungen zu einem ganzen Panorama des Freizeitplansolls. Statt also etwa das Stand-up-Paddling, für das wir alles andere aufgeschoben haben, zu genießen, sind wir in Gedanken immer dort, wo wir gerade auch sein könnten oder was wir sonst hätten erledigen müssen. Unterstützt von den smarten Dränglern, denen wir so freiwillig die Regie über unseren Terminkalender überlassen haben.

»Sie sind heute 2.000 Schritte weniger gegangen als gestern!«, nörgelte etwa meine Fitnessapp am Sonntag und die Smartwatch meiner Freundin herrschte sie mitten im schönsten Abhängen am Badesee an, sie müsse jetzt sofort aufstehen und loslaufen. In den vielstimmigen Chor der Antreiber stimmt jetzt auch noch die Meditationsapp ein, die ich mir mal heruntergeladen hatte. Und das, obwohl sie mir hoch und heilig versprochen hatte, dass man praktisch gar nicht merkt, wie man sich mit ihr noch einen zusätzlichen Termin auf die Agenda setzt. »Sind doch bloß sieben Minuten am Tag! Also ich bitte dich, das bisschen Zeit. Gemessen an dem, was ich für dich tun werde: deine Gedankenströme beruhigen, deine innere Mitte finden und Kontakt zu deinem Herzen aufnehmen!« Jetzt erhöht sie bloß zuverlässig meinen Blutdruck.

FREIZEITFOLTER

All die Selbstüberwachungsinstrumente sind quasi auch Hochsitz-beobachter, die uns allzeit vermessen. Während es den wissenschaft-lichen Mitarbeitern in *Kitchen Stories* allerdings verboten war, ihre Studienobjekte anzusprechen, haben wir unseren Trackern erlaubt, uns ständig anzulabern. Man soll Verträge mit sich selbst abschließen und hat damit vielleicht nicht gleich seine Seele verkauft, aber doch seine Seelenruhe. Denn nun wollen alle, dass man sich etwas Gutes tut, machen sofort darauf aufmerksam, wenn wir vom Pfad der Lifestyle-tugenden abweichen, um pronto unser Versagen zu protokollieren.

Offenbar können wir nicht mal mehr allein beurteilen, in welcher Stimmung wir sind oder ob wir einen stressigen Tag hatten, ohne die Unterstützung einer gründlichen Datenerhebung. Apps checken un-ser sportliches Pensum, messen unser Stresslevel, die Schlafqualität, den Alkoholkonsum, die Kalorienzufuhr und bombardieren uns mit Vorschlägen, wie man ein besserer Mensch werden kann. Auch und gerade im Vergleich zu anderen. Natürlich ist das immer alles ganz einfach, total leicht und entlang der neuesten psychologischen und physiologischen Erkenntnisse aus dem Großraum »Best of Motiva-tion« entwickelt.

So schlägt mir meine Joggingapp ständig vor, mich mit anderen Läufern zu »connecten«, damit sie sich an mir und vor allem ich mich an ihnen messen kann. Oder noch schlimmer: meine dürftigen sport-lichen Leistungen live auf Facebook öffentlich auszustellen. Ich bin ziemlich blind, wenn ich laufe – so ohne Brille – und fürchte mich jedes Mal davor, aus Versehen den falschen Knopf zu drücken und un-bedacht mitten in die ewige Competitionhölle zu landen, obwohl ich doch eigentlich nur eine kleine Runde durch den Park drehen wollte. Es ist ein zunehmend schmaler Grat zwischen Freizeit und Terror, bei dem man kaum noch erkennen kann, wo der Stress eigent-lich aufhört. Dabei war der Anspruch an die Ruhepause doch einmal, dass genau das nicht passieren sollte. So wie es der »Massagearzt« August Müller in der 1958 erschienen *Fibel für Manager* formulierte: Es sei ein »Denkfehler«, den »geistig durch Überarbeit, Sorgen oder Aufregungen Erschöpften‹ neue körperliche Arbeit ›außerhalb ihres Berufs zuzumuten‹«.[17] Sein Tipp: Man solle unbedingt ruhen, wenn man nicht arbeiten muss. Heute fährt ein ehemaliger Mitschüler, mittlerweile Führungskraft in einem großen Pharmaunternehmen, am Wochenende schon mal 250 Kilometer mit seinem 8.000 Euro teuren Karbonrennrad und ist bisweilen noch um zwei Uhr morgens in dem Frankfurter Fitnesscenter anzutreffen, das 24/7 für jene geöffnet hat, die ihr Freizeitplansoll nur noch in Nachtarbeit schaffen. Es geht nicht mehr anders. Denn es läppert sich ja. Gerade weil man uns freundlicherweise dauernd die Zugangsvoraussetzungen zu mehr Selbstoptimierung senkt. Täglich eine halbe Stunde Sprachunterricht. Bloß sieben Minuten für Meditation. Acht für das Augenbrauentutorial und nicht mehr als zwei für die Klopfmassage, die mein Dekolleté in Bestform bringt.

Die Tage sind übervoll mit lauter Kleinigkeiten, die man eben mal kurz erledigen soll. Mit der Folge, dass wir zu immer kurioseren Notwehrmaßnahmen greifen. Eine Freundin hat mir vor einer Weile eine Art Elektroschocker geschenkt, damit ich auch beim Fernsehen meine Bauchmuskeln trainieren kann. Obwohl sie es nur auf die Hälfte der Spannung, die sie sich zumutet, eingestellt hatte, war es einfach nicht auszuhalten. Bereits nach drei Anwendungen beschloss ich, dass mir ein Sixpack einfach nicht wichtig genug ist, um mich mit Methoden zu traktieren, die unter anderen Umständen ein Fall für die UNO-Menschenrechtskonvention gewesen wären. Ich habe das Folterinstrument kurzerhand meinem Ex-Mitschüler mit dem Karbonrennrad geschenkt, der dafür die idealen charakterlichen Voreinstellungen mitbringt. Und ich habe mich dabei schlecht gefühlt. Wann bekommt man schon mal Bauchmuskeln ohne Sport? Und überhaupt: Wo alle Welt anscheinend dauernd damit beschäftigt ist, uns freundlicherweise zu einem besseren und fitteren Leben zu verhelfen, bleiben einem gar keine Ausreden mehr – fühlt man sich nur noch mehr als Versager. Jede Fitnessapp, jedes Youtube-Tutorial verheißt doch:»Es ist ganz leicht. Kaum aufwendig, aber mit einem Wahnsinnseffekt. Selbstverständlich kannst du auch deine eigenen ›Goals‹ formulieren – niemand schreibt dir etwas vor!« Das Bitterste: Dagegen kann man sich höchstens noch mit pubertärem Trotz wehren.

Denn erstens bekommen wir vor allem durch die sozialen Medien vorgeführt, dass es andere doch auch irgendwie schaffen und dabei nicht mal einen Hauch gestresst wirken, sondern genauso entspannt, wie man es in seiner Freizeit idealerweise sein sollte. Zweitens ist, was da spricht und dauernd Pushnachrichten schickt, ja nichts Geringeres als die Stimme der Vernunft. Die Aufforderung, sich vom Sofa zu erheben, wird ja stets mit wissenschaftlichen Studien unterfüttert.

Es sind die vermeintlich Klügeren, die da nicht nachgeben. Die alles, was wir tun und besser lassen sollten, durchanalysieren, es mit Bedeutung überhäufen. Damit werden nebenbei immer mehr Teile unseres Lebens zu Hightech-Trainingscamps und zum Lifestylelabor erklärt. Vieles, was sonst einfach zu unserer Alltagsroutine gehörte, wir ganz selbstverständlich erledigt und beherrscht haben, wird so in den Rang einer Geheimwissenschaft erhoben – und damit zur Expertensache. So wie der Waldspaziergang, der jetzt Waldbad heißt. Natürlich sind Menschen schon immer spazieren gegangen und immer schon haben sich kluge Köpfe darüber Gedanken gemacht, wozu das gut sein könnte. Die griechischen Philosophen etwa fanden, dass beim Gehen der Kopf frei wird, um darin Platz für Neues zu schaffen. Aristoteles unterrichtete seine Schüler deshalb sogar beim Auf-und-ab-Gehen. Ebenso wie er war später auch Jean-Jacques Rousseau davon überzeugt, erst das Unterwegssein bringe einen auf neue Ideen: »Ich kann nur beim Gehen nachdenken. Bleibe ich stehen, tun dies auch meine Gedanken.« Es gibt eine lange und spannende Kulturgeschichte des Laufens und eine Wissenschaft des Spazierengehens. Sie nennt sich »Promenadologie« und wurde in den 80er-Jahren begründet. Mit ihr setzt sich – natürlich zu Fuß – die Idee fort, dass man sich beim Gehen die Welt erschließt. Sogar studieren kann man das Fach mittlerweile. Der Spaziergang hat also eine sehr manierliche Karriere gemacht und sich dabei immer weiter weg von der Laienbühne des Lebens bewegt. Von dort also, wo wir bislang nicht mal ahnten, was man beim Gehen alles finden kann: Seelenruhe, Gesundheit, Spiritualität, emotionale Tiefe, Hormonschübe, sich selbst, seine Identität und den ganzen ideologischen Bombast, mit dem eine einstmals ganz alltägliche Beschäftigung zur Lebensverbesserungshausaufgabe gemacht wurde.

WALDBADEMEISTER

»Sie schauen ja gar nicht!?«, sagt meine Begleiterin erstaunt. Warum sollte ich auch? Sie selbst hat mir schließlich die Anweisung gegeben, den Waldweg ein Stück rückwärts zu gehen. Dadurch würde sich ein Perspektivwechsel ergeben, der wiederum für neue Verknüpfungen im Gehirn sorgt. Außerdem stärke diese Übung mein Vertrauen ins Leben, weil ich ja nicht sehen kann, was vor mir liegt. Alles überzeugende Argumente dafür, dem Geradeaus den Rücken zu kehren. Zumal mir das von einer Fachkraft empfohlen wird. Frau M. bietet Kurse im Waldbaden an, ist also eine Art Waldbademeisterin. Dazu sollte man wissen, dass der Wald der neue Hipster-Spa ist, seitdem das Waldbaden vor einiger Zeit aus Japan zu uns herüberschwappte. Dort prägte schon 1982 das japanische Ministerium für Landwirtschaft, Forstwirtschaft und Fischerei den Begriff »Shinrin-yoku«, das »Eintauchen in die Stille und Unberührtheit eines Waldes«. Etwas, das man theoretisch bereits tut, seit man von seinen Eltern in unbequeme Klamotten gesteckt und zum Sonntagsspaziergang genötigt wurde. Praktisch wurde mit dem Waldbad auch die Idee geboren, dass man das Beste verpasst, wenn man einfach so bewusst- und achtlos durch das Grün spaziert. Man soll den Forst nun qualifiziert begehen. Idealerweise mit einem Profi an seiner Seite. Und damit ist nicht mein Vater gemeint, der uns Kindern damals allenfalls den Unterschied zwischen Eichen, Fichten, Birken, Kiefern und Buchen erklären konnte. Die Waldbadeprofis haben da schon mehr zu bieten: spirituellen, medizinischen, therapeutischen Mehrwert. Sie berufen sich auf Studien, nach denen die »Phytozide« das Immunsystem stärken. Meint die antibiotischen Substanzen, die die Pflanzen beispielsweise vor Insekten schützen oder verhindern, dass sie von Tieren angefressen werden. Der Wald, so Frau M., würde außerdem mein Hormonsystem positiv beeinflussen und unter anderem mein DHEA ansteigen lassen. Ja, ich musste auch erst nachschauen, um herauszufinden, was das sein soll – außer ein »Wunderhormon«, wie Frau M. es auf ihrer Website ehrfurchtsvoll nennt. Es handelt sich um Dehydroepiandrosteron, ein Steroidhormon im menschlichen Körper (die Vorstufe sowohl für die männlichen als auch weiblichen Sexualhormone), das angeblich über eine unglaubliche Anti-Aging-Wirkung verfügt.

Es sind also eine Menge gesundheitlicher Benefits, die das Waldbaden verheißt, und ich frage mich, ob ich jemals wieder einfach nur überwältigt sein und »Wow« und »So schön!« ausrufen werde, wenn ich einen Wald betrete. Es ist ein wenig, als hätten Siegfried und Roy auf der Bühne dem Publikum den ganzen beeindruckenden Trick mit dem weißen Tiger verraten. Die Magie ist dahin. Zumal der Wald nicht einfach nur mehr Wald sein darf. Er hat nun zig Aufgaben zu erfüllen, ebenso wie wir, seine Besucher, die jetzt eigentlich Walduser sind: Es werden Bäume umarmt, Kraftplätze gesucht, es gibt Anleitungen zum besseren Atmen, Yoga im Wald und Coachings. Man kann das Waldbad bei Singlewanderungen zur Partnersuche nutzen und endlich vertrauen lernen, so wie ich gerade. Offenbar habe ich es aber gar nicht nötig, wie ich feststelle. Im Gegensatz zu Frau M., die ihre eigene Medizin nicht zu vertragen scheint. Dauernd schaut sie sich hektisch beim Rückwärtslaufen um, ob nicht vielleicht doch irgendwo ein Stolperstein liegt. Ich denke an den Satz, den ich im Internet bei einer Mitbewerberin von Frau M. gelesen habe: »Waldbaden beinhaltet Absichtslosigkeit. Den Wald genießen, ganz ohne Ziel, ohne Aufgabe, ohne Druck, die Gedanken kommen zur Ruhe, ein wohliges Gefühl der selbstverständlichen Entspannung setzt ein. Die Natur wird staunend wahrgenommen.«[18] Aber leider nicht mehr von uns. Denn wir sollen ja nicht staunen, sondern den Forst maximal ausweiden.

Gut, es war nicht alles schlecht, was Frau M. mir im Wald gezeigt hat. Ich weiß jetzt, woran man erkennt, ob Wildschweine in der Nähe sind (es riecht intensiv nach Maggie), und ließ mir noch einmal die verschiedenen Baumarten erklären. Außerdem habe ich ihre Aufforderung brav befolgt, mir allein meinen »Kraftplatz« zu suchen, und nach ein paar Hundert Metern entschieden, ihn gefunden zu haben. Auch weil es im Wald keinen Handyempfang gab und ich ein wenig fürchtete, Frau M. könne mich aus den Augen verlieren. »Denn in den Wäldern sind Dinge, über die nachzudenken man jahrelang im Moos liegen könnte«, schrieb vor gut 100 Jahren Franz Kafka. Wir haben leider nicht mehr die Zeit dazu. Nach zwei Stunden ist das Waldbadeprogramm abgespult.

Die amerikanische Essayistin Rebecca Solnit hat schon vor vielen Jahren ein Buch über das Unterwegssein in der Natur geschrieben. Es heißt *Wanderlust: Eine Geschichte des Gehens*. Sie sagt dazu, sie habe eine »Laiengeschichte« schreiben wollen, weil »Gehen eine Laienhandlung« sei. Eine, die allen gehört, weil alle es ja ganz einfach beherrschten: das »Wandern um seiner selbst willen«. Das, das einmal das freie Denken beförderte und ihm alle Umwege erlaubte, das zweckfrei war, eine »Konstellation im sternenreichen Gewölbe der menschlichen Kultur, eine Konstellation aus den drei Sternen Körper, Imagination und offene Welt«.[19] Jetzt geht es auch im Wald nur um den kürzesten Weg zum spirituellen Ziel. Dieses Schicksal teilt der Spaziergang nun mit anderen Tätigkeiten, von denen wir einst dachten, wir meistern sie allein. Dass wir sogar ganz gut darin sind. Oder wenigstens: dass wir uns darum nicht auch noch zu kümmern brauchen und wir sie quasi im Schlaf erledigen. Und zwar nicht nur im übertragenen Sinne.

Jetzt ist nämlich ausgerechnet unser »Spielplatz der Träume« von der Pausenaufsicht zum Exerzierfeld der Selbstverbesserungsgeneräle erklärt worden.

Bittersüße Träume

Der Schlaf der Vernunft gebiert Ungeheuer

Francisco de Goya

DER FRÜHE VOGEL IST AUCH NUR EIN DIKTATOR

Auch Schlaf gehört zu den Dingen, die man früher einfach so gemacht hat. Man putzte sich die Zähne, wusch sich das Gesicht, zog das Nachthemd über oder auch nicht, legte sich ins Bett und schlief ein. Das war's. Heute ist das anders. Jetzt liegt man mit aufgerissenen Augen auf dem Kissen und überlegt: Mache ich gerade alles richtig? Bin ich wirklich ganz bewusst bewusstlos? Der Schlaf ist mittlerweile eine Wissenschaft und seine Referenzliste dermaßen lang, dass man damit vermutlich die Freiheitsstatue einwickeln könnte. Deshalb nur so viel: Wie gut oder schlecht es nachts läuft, davon hängt – das versichern Schlafforscher mit der Unverdrossenheit von Shoppingkanälen – praktisch unser Leben ab. Unsere Gesundheit, unser Glück sowieso. Ob wir dick werden oder dünn bleiben, Erfolg haben oder die Karriere im wahrsten Sinne des Wortes verschlafen. Und warum? Weil wir ihn nicht nutzen, den »Miracle Morning«. So nennt der Motivationstrainer Hal Elrod die eine Stunde am Morgen, die »alles verändert«, das Frühaufstehen für Profis. Ja, richtig, falls Sie bislang dachten: Wenn es denn unbedingt sein muss, stell ich mir eben einfach den Wecker auf sechs statt auf sieben und versuche, mit viel Kaffee irgendwie im Morgengrauen Halt zu finden, um das zu erledigen, wofür mir sonst die Zeit fehlt, haben Sie sich ganz schön geirrt. Das Frühaufstehen ist eine Philosophie geworden, eine Kunst, die man nicht einfach so kann, bloß weil man im Vollbesitz eines Weckers ist. Man muss sie lernen. Mit Vorträgen und einem Begleitbuch, in dem steht, dass schon eine Extrastunde morgens »alles verändert« und man für einen gelungenen »Miracle Morning« alle zehn Minuten etwas anderes tun soll.

Somit hat nun auch die frühe Stunde eine längere To-do-Liste als der ganze Rest des Tages. Ja, spätestens da möchte man sich gleich wieder ins Bett legen, und zwar bis mindestens zwölf, nur um dem Autor mal richtig ausgeschlafen eine knallen zu können. Allerdings könnte man genauso gut den Lottoschein für den nächsten Samstag zerreißen. Schließlich, so erklärt der Autor, hätten Recherchen in Millionärs- und Milliardärskreisen ergeben, dass das qualifizierte Frühaufstehen so etwas wie der Generalschlüssel zum Erfolg sei. Reichtum und das Schlafpensum quasi siamesische Zwillinge sind. Für Faultiere, die bis zu 20 Stunden die Augen geschlossen halten können, ereignet sich das Wunder am Morgen sicher nicht. Wer jetzt bemerkt, er kenne eine Menge Busfahrer, Krankenschwestern und Bäcker, die wirklich früh rausmüssen und trotzdem auf keinen grünen Zweig kommen – dem sei vom Miracle-Morning-Experten gesagt, dass diese Menschen vermutlich nicht vor Arbeitsantritt meditiert oder Qigong praktiziert haben. Wahrscheinlich haben sie auch den Punkt »Reading«, also fortwährendes Lernen, ausgelassen und kein Buch gelesen, sondern höchstens Frühstücksfernsehen geschaut. Was zum nächsten Versäumnis führt: das »Scribing« zu schwänzen, sprich das Aufschreiben von Zielen, Ideen, Vorsätzen. Es ist, als hätte man dem frühen Vogel eine Uniform angezogen und ihn zu dem gemacht, was man beim Militär einen »Schleifer« nennt – einen Profidrangsalierer. Ich bin trotzdem liegen geblieben. Zumal, nachdem ein Freund mir erzählte, wie es ausging, sein Experiment mit dem Wunder am Morgen. »Ich fand es zuerst toll: zwei Stunden mehr Zeit. Das bringt unfassbar viel. Am ersten Tag war ich noch sehr beschwingt von dieser Idee, was ich in meinem neuen Leben nun alles schaffen würde. Am zweiten Tag fühlte ich mich bereits um neun Uhr – nachdem ich schon fünf Stunden wach war, Sport gemacht, Mails gecheckt und meditiert hatte –, als wäre mein Arbeitstag eigentlich vorbei. Dabei fing er ja gerade erst an. Am Ende der Woche war ich so müde, dass ich in einem Meeting davon aufwachte, wie mir meine Kollegin ihren Ellenbogen in die Rippen stieß, weil ich offenbar geschnarcht hatte.« Man müsste mit den Hühnern ins Bett gehen, um mitten in der Nacht schon munter sein zu können. Oder von dem angetrieben, was im Tierreich dafür sorgt, dass manche Arten kaum ein Auge zubekommen: die Angst, gefressen zu werden. Also mit ausreichend Adrenalin ausgestattet, um ohnehin nicht schlafen zu können.

Vor allem aber spricht gegen den »Miracle Morning«, was andere Schlafprofis herausgefunden haben: Zu wenig Schlaf macht krank, dick und dumm. 53 Milliarden Euro sollen laut des US-Thinktanks RAND jedes Jahr der deutschen Wirtschaft aufgrund von übermüdeten Arbeitskräften entgehen.[20] Tendenz steigend. Und das nicht etwa, weil plötzlich alle den frühen Vogel in ihr Herz geschlossen hätten. Seit Schlaf so eine Riesensache geworden ist, schaut man halt genauer hin. Misst, berechnet, kalkuliert und kommt nach einer DAK-Studie zu dem Ergebnis, dass die Ein- und Durchschlafstörungen um 60 Prozent zugenommen haben. Auch deshalb wäre es höchste Zeit, »… ein Bewusstsein für guten Schlaf auf(zu)bauen«, so Frederic Böert, Mitbegründer von Muun, einer Firma für Designmatratzen. »Schlafen wird immer noch als Mittel zum Zweck angesehen. Das steht unserer Meinung nach im Widerspruch zu den Kernwerten unseres modernen Lebensstils: dem Streben nach Leistung, Selbstoptimierung und Effizienz.«[21] Das war 2016. Mittlerweile sollen wir auch im Schlaf an unserer Kreativität und unserem Erfolg arbeiten. Aber man weiß ja, wie das ist: Sobald man denkt, man müsste jetzt wirklich ganz dringend schlafen, geht gar nichts mehr. Man liegt im Bett, grämt und fragt sich, warum das hier alles derart schlecht und nicht vorschriftsmäßig abläuft. Zumal man weiß, dass sich nun auch noch im Schlaf die Erfolgsmenschen von den Schnarchnasen unterscheiden. So schrieb die *New York Times*, Schlaf sei eine »Fähigkeit, die kultiviert und gefördert werden muss – als Instrument zur Verbesserung unserer Potenziale«. »Schlafen ist das Effektivste, das man tun kann, um Körper und Geist zu erneuern«, sagt da Matthew P. Walker, Professor für Neurowissenschaften und Psychologie. Und auch: »Was gemessen wird, kann gemanagt werden.«[22]

In den USA ist es durchaus üblich, dass Konzerne wie Uber oder JP Morgan ihre Angestellten in die Kunst des gekonnten Schlafens einweihen, um das »carpe diem« noch auf ein »carpe noctem« auszuweiten. Wie sich das auszahlt, zeigt der amerikanische Gesundheitskonzern Aetna, der in seine Mitarbeiter bis zu 500 Dollar investiert, wenn sie nachweisen, dass sie mehr als 20 Tage am Stück sieben Stunden und länger geschlafen haben. Wo Schlaf so kostbar ist, braucht er auch seine eigene Hochbegabtenförderung. Es gibt Kuschelroboter, die einen »angenehmen Atemrhythmus simulieren«, und »Gewichtsdecken«, die zur »völligen Entspannung des Körpers und Nervensystems« beitragen sollen. Ganz zu schweigen von all den Apps und Gurus, die ausgerechnet das in unser Bewusstsein bringen wollen, dessen Hauptmerkmal doch die Unbewusstheit ist. »Sleeponomics« nennt sich der Wirtschaftszweig der Ein- und Durchschlafhilfen. Rund 21 Milliarden Dollar werden damit derzeit weltweit umgesetzt. Unter anderem auch mit dem Verursacher des Übels. Denn es ist die Technologie, die uns wach hält: die Smartphones, die wir nicht mal im Bett aus der Hand legen können, der Fernseher, der Computer. Und jetzt soll noch mehr davon einziehen, um den Schaden zu begrenzen, den die Technik mit den blauen Lichtwellen der Screens verursacht hat. Etwa durch ein lückenloses Protokoll unseres Schlafertrages und eine dementsprechende Beurteilung.

War bislang das Schöne am Schlaf auch der Kontrollverlust, gilt jetzt der total überwachte Schlaf als das Nonplusultra. »Ihre Nacht scheint nicht sehr erholsam zu sein!«, wird man da etwa morgens aufgeklärt und fühlt sich gleich schlecht ausgeruht, obwohl man bis eben vielleicht fand, dass man diesmal eigentlich ganz gut geschlafen hat. So schreibt der Autor Jan Stremmel in der *Süddeutschen Zeitung* nach einem Selbstversuch mit ziemlich allem, was zur Schlafoptimierung auf dem Markt zu haben ist: »Genau das halten Schlafforscher für das größte Problem mit den Tracking-Geräten: Die Messmethoden seien ungenau, suggerierten aber wissenschaftliche Objektivität.« Und er berichtet, dass US-Forscher einen Aufsatz im *Journal of Clinical Sleep Medicine* veröffentlicht haben, in dem sie über ein neues Phänomen namens »Orthosomnia« aufklären: »Schlaf-Gadgets verleiten demnach einige Patienten dazu, zwanghaft die eigenen Werte verbessern zu wollen, statt auf das eigene Körpergefühl zu hören. Was wiederum zu massivem Schlafmangel führen kann.«[23] Natürlich lassen sich die nächtlichen Defizite auch tagsüber ausgleichen – mit dem zum »Powernap« hochgetunten Mittagsschläfchen. Er ist längst eines der emsigsten Rädchen im Optimierungsgetriebe und mit einem Beipackzettel aus Wissenschaft und Trendlaboren versehen. So beträgt seine perfekte Dauer zwischen 15 und 30 Minuten und die finden idealerweise zwischen 13 und 14 Uhr statt. Es gibt zertifizierte Schlaf-gesund-Coaches, die man buchen kann, damit sie mit uns den optimalen Schlaf ganz präzise planen. Einer der berühmtesten Kunden einer solchen Entwicklungshilfe ist Cristiano Ronaldo. Sein Coach Nick Littlehales – vormals Manager in einem Großkonzern für Matratzen – soll ihm geraten haben, sich innerhalb von 24 Stunden fünfmal für 90 Minuten zu Bett zu begeben. Also ehrlich: Das klingt für mich nach den mehr als zweifelhaften Methoden, mit denen man etwa in Guantánamo Häftlinge behandelt. Außerdem: War Schlaf nicht vor allem mal dazu gedacht zu vergessen, was wir tun sollen?

Selbst wenn er vielleicht längt nicht immer perfekt war, haben wir ihn doch ganz allein hinbekommen. Wir hatten uns mit seiner Launenhaftigkeit arrangiert und überwiegend damit Frieden geschlossen. Wir haben die größten Störenfriede selbst identifiziert und uns dann entschieden, was uns wichtiger ist: Entweder die Nacht neben einem schnarchenden Mann damit zu verbringen, darüber nachzudenken, ab wie viel Dezibel es mildernde Umstände für Gattenmord gibt. Oder aber die ungestörte Nachtruhe zu beanspruchen, wie sie nur getrennte Schlafzimmer bieten. Außerdem haben wir hingenommen, dass uns die Natur nicht nur mit unterschiedlichen Schuhgrößen, sondern auch mit verschiedenen Schlafvoraussetzungen ausgestattet hat. Man könnte genauso sagen: Jeder Mensch schläft eben anders. So wie eine Freundin, die immer mal wieder zwei, drei Stunden nachts wach liegt: »Ich stehe dann auf, gehe in ein anderes Zimmer, um meinen Mann nicht zu wecken. Ich lese etwas auf dem Wohnzimmersofa, mache mir die Nägel und schaue mir ein paar Folgen meiner Lieblingsserie an. Irgendwann gehe ich wieder ins Bett und schlafe weiter.« So ist das, seit sie denken kann. Sie nutzt die Extrastunden und kämpft schon lange nicht mehr dagegen an. Sie ist tagsüber weder eingeschränkt, noch hat sie Ringe unter den Augen. Früher hat sie manchmal erzählt, wie sie ihre Nächte verbringt. Das macht sie kaum noch. »Die Reaktionen sind ja meist so, als hätte ich von einer schweren Krankheit berichtet. Das ist das eine. Das andere: die tausend guten Ratschläge, die ich sowieso schon alle kenne.« Bis vor einigen Jahren hat sie fast alles ausprobiert. Schlafmittel inklusive. Die neue Generation der Einschlaf- und Durchschlafhilfen, der Schlafvermesser und -begleiter lässt sie jedoch aus: »Ich bin – glaube ich – so gedacht. Es ist mein Schlaf. Und ich habe mich damit arrangiert.«

Am Ende ist selbst der schlechte Schlaf vielleicht doch besser als gedacht. Das erfährt so ähnlich auch Jan Stremmel. Der Journalist, der im Selbstversuch so viele Gadgets ausprobierte, ging am Ende noch in ein Schlaflabor, um seine Nachtruhe einmal von Medizinern und nicht von Apps vermessen zu lassen. Das erstaunliche Ergebnis: Seine »Schlafeffizienz« lag »selbst im ungemütlichen Labor bei sensationellen 95 Prozent«. Nur hatten die digitalen Hochsitze davon nichts mitbekommen. »Weil die Qualität von Schlaf, dieses geheimnisvollen, unberechenbaren Zustands, nun mal schwerer messbar ist als, sagen wir, die Zahl der gestiegenen Treppenstufen.« »Alles Private ist politisch«, meinten die 1968er. Heute ist alles Private kapitalisiert, vermessen und zur Bewertung freigegeben. Wir lassen die Technik darüber entscheiden, ob wir gut oder schlecht geschlafen haben, was wir in unseren Betten vorfinden sollen und wie wir das zu finden haben. Je mehr wir über Schlaf, den richtigen, erfahren, desto falscher kommt uns der vor, den wir bislang ganz allein erledigt hatten – und umso schwieriger erscheint es uns, nachts nach Norm zu schlummern. Klar, das kann einen ganz schön schlaflos machen. Und das tut es offenbar auch. Die Ein- und Durchschlafprobleme der Deutschen wachsen mit den Lösungen, die uns dafür angeboten werden, anscheinend nur noch. Als würden wir nun erstmals realisieren, welch kompliziertes Kunststück wir da allnächtlich zu absolvieren haben, wälzen wir uns schlaflos in den Kissen und fühlen uns nicht nur gerädert, sondern auch noch als totale Schlafversager. Außer meine schlaflose Freundin. Sie hat entschieden, dass es ihr gut geht damit, ein, manchmal zwei Stunden pro Nacht einfach wach zu sein. »Ist nun mal so«, sagt sie. Und: »Mein Schlaf gehört mir!«

Pausen-füller

»*Geist ist die Voraussetzung der Langeweile.*«[24]

Max Frisch

UNERTRÄGLICH ENTSCHLEUNIGT

Man kann Corona viel nachsagen: Es ist tödlich, irrwitzig teuer und hat unsere besten sowie schlechtesten Eigenschaften ebenso nach oben gespült wie unsere wirkliche Haarfarbe, hat die Scheidungsquote anschwellen lassen und unseren BMI. Corona war außerdem aber hauptsächlich ein großer Feldversuch in Sachen Freizeitgestaltung. Als der Club Med, den wir unser Leben nennen, geschlossen hatte und auch all seine Animateure daheimbleiben mussten, konnten wir mal feststellen, wie gut wir darin sind, uns zu beschäftigen, ohne beschäftigt zu sein. Ohne Möglichkeiten zum Shoppen, für Kino- und Restaurantbesuche, Fußball, Maniküre, Pediküre, Reisen, Seitensprünge, Grillabende mit Freunden. Und ohne Gelegenheiten für die 80 Prozent an Aktivitäten, mit denen wir so gern Eindruck machen und nach Aufmerksamkeit heischen. Keine Bilder von Kreuzfahrten, Marathontrainings, Superfigürchen an Traumstränden. Zügig wurde klar: Das wird ganz schön langweilig. Von allen Seiten kamen Angebote, wie man daheim das offenbar Allerschlimmste verhindert: die Ödnis an sich, mit sich und die mit unseren Angehörigen. Wir sollten backen, aufräumen, den Keller umorganisieren, Webinare buchen, neue Fremdsprachen lernen, unsere Haare mal ordentlich »ausfetten« lassen, Youtube-Workouts machen und die Steuererklärung. Es gab »Fünf Apps gegen die Langeweile« und Videos, bei denen man Promis dabei zuschauen konnte, wie die ihre Zwangspause gestalten. Dabei stellte sich vor allem heraus, dass viele Menschen zwar sehr viel mehr Platz haben als man selbst, der Lockdown aber ansonsten ein großer Gleichmacher war. Denn auch den Promis fiel offenbar nicht sehr viel mehr ein als uns Normalsterblichen: Man sah sie am Herd stehen, bei der Gartenarbeit oder eine Choreografie einüben. Sogar Astronauten wurden als Experten für einen abwechslungsarmen Alltag auf engstem Raum ohne Ausweichmöglichkeiten befragt, wie das auszuhalten ist. Mehr als ein »Es werden bessere Zeiten kommen« und »Optimistisch in die Zukunft schauen« war da aber auch nicht zu holen. Wir erfuhren nun, was ist, wenn nichts mehr ist. Und wie sehr wir uns an volle Timetables, an ständige Beschäftigung gewöhnt haben. Aber auch umgekehrt, wie schnell es uns an die Grenzen bringt, wenn jeder Tag ein Sonntag ist. Monatelang. Wo alles Aufgabe, Herausforderung sein soll und wir normalerweise selbst noch unsere Freizeit vorwiegend mit Eindrucksmanagement verbringen, fühlte sich die Langeweile ungefähr so spaßig an wie ein Brand im Altersheim. Plötzlich schien das Ergebnis einer Umfrage, dass sich die Mehrheit lieber einen leichten Elektroschock verabreichen lassen würde, als 15 Minuten still zu sitzen, gar nicht mehr so absurd zu sein. Dabei hatte doch der Urheber der Zwangsentschleunigung, das Virus höchstpersönlich, bestätigt, dass es weniger die Langeweile, sondern die Umtriebigkeit ist, von der die größte Gefahr ausgeht. So wie es der französische Philosoph und Mathematiker Blaise Pascal schrieb: »Das ganze Unglück der Menschen rührt allein daher, dass sie nicht ruhig in einem Zimmer zu bleiben vermögen.« Wären nämlich all die Ischgl-Urlauber hübsch daheimgeblieben und hätten sich einfach mal gelangweilt, statt sich beim Après-Ski viel zu nahe zu kommen, hätte es den Corona-Lockdown gar nicht gegeben. Und auch später hätte mancher zu Hause einfach mal die Füße ruhig halten müssen, anstatt sich als sogenannter »Spreader« um die Verbreitung des Virus verdient zu machen. Doch wir fühlen uns unwohl, sobald nicht alles bis zum Letzten durchgetaktet ist, wenn nichts als Leere vor uns liegt. Die Verantwortung, die langweiligen Stunden, Tage und Monate ganz allein zu füllen, lastet schwer auf uns. Wir kommen gar nicht mehr auf die Idee, sie einfach so zu belassen, wie sie sind: unbestimmt, undefiniert, untätig, total frei. So sehr sind wir schon an das Alltagsgetöse gewöhnt, dass uns die Stille total nervös macht und wir ihr nur wieder neue Aufgaben zuteilen. Solche wie »Digital Detox«, die Entwöhnung von Smartphone und Co, oder Achtsamkeit, die Kunst des bewussten Leerlaufs und proaktiven Nichtstuns. Womit wir wieder ganz schön beschäftigt wären. Die

Kernkompetenzen der Langeweile – Durchatmen, Zwecklosigkeit und Sinnfreiheit, sein Glück dadurch zu finden, dass man es einmal nicht zu suchen braucht – bleiben dabei aber auf der Strecke. Denn Langeweile kann gerade dann sehr produktiv sein, sobald sie von allen Aufgaben befreit wird. Wenn der Kopf Zeit bekommt, Gedanken und Eindrücke fließen zu lassen. Er gleicht dann einem Swingerklub, in dem sich unsere Gedanken ständig neu verbandeln, um wie beiläufig auf neue Ideen zu kommen. Und zwar unkontrolliert von dem pingeligen Bewusstsein, das unseren Geist lieber wie ein katholisches Mädcheninternat führen würde.

GEIST OHNE NAVI

Viele große Erfindungen verdanken sich dieser Tändelei mit dem Unmöglichen. Isaac Newton etwa kam bei einer Mußestunde auf die Gravitationstheorie, als er versonnen im eigenen Garten einen Apfel betrachtete. Von René Descartes, dem französischen Philosophen, Naturwissenschaftler und Mathematiker, wissen wir, dass er am liebsten morgens im Bett die Gedanken ausführlich schweifen ließ und dabei Lösungen für mathematische Rätsel fand. Auch die Relativitätstheorie hätte Einstein wohl nie aufgestellt, wäre er von seiner Arbeit auf dem Berner Patentamt nicht dermaßen gelangweilt gewesen. Kaum auszudenken, hätte er damals schon ein Smartphone und einen Tinder-Zugang gehabt. Vermutlich können wir sowieso froh sein, dass Gott die Welt machte, bevor es Internetzugang gab – sonst wäre die ganze herrliche Schöpfung ausgefallen. Und haben wir als Kinder nicht die schönsten Spiele erfunden, sobald nichts da war als Fantasie und Zeit? Wird das in Zukunft noch möglich sein, wenn man sieht, wie die Kleinen am Nebentisch im Restaurant in ihre iPads starren, damit sich die Erwachsenen ungestört unterhalten können? Wenn der Satz »Mir ist sooo langweilig!!!« bei Eltern zu regelrechten Panikreaktionen und dazu führt, die Kleinsten mit Unterhaltungsangeboten regelrecht zuzuschütten? Dabei ist aus zig Studien bekannt, dass Langeweile zu den wichtigsten Motoren kindlicher Entwicklung gehört und auch Erwachsenen Flügel verleiht.

Zu diesem Ergebnis kamen auch die Psychologen Benjamin Baird und Jonathan Schooler von der University of California in Santa Barbara. Sie hatten einen Versuch mit 145 Studenten durchgeführt, in dem es darum ging, in kürzester Zeit möglichst viele und möglichst ungewöhnliche Verwendungsmöglichkeiten für Alltagsgegenstände wie Zahnstocher, Kleiderbügel oder Ziegelsteine aufzulisten. Danach wurden die Studenten in vier Gruppen aufgeteilt: Die eine Gruppe sollte mit der Liste einfach weitermachen, die zweite sich ausruhen, die dritte eine schwierige, ihre volle Konzentration beanspruchende Aufgabe lösen und die vierte bekam eine langweilige Aufgabe. Nach zwölf Minuten wurden alle noch einmal vor die gleiche Aufgabe gestellt wie eingangs: ungewöhnliche Verwendungsmöglichkeiten für Kleiderbügel usw. zu finden. Während in den ersten drei Gruppen kaum Unterschiede festzustellen waren, verbesserte sich die vierte Gruppe um 41 Prozent. Die Studenten, die sich am meisten gelangweilt hatten, hatten ganz offensichtlich die erste und interessantere Aufgabenstellung unterbewusst und ohne Ergebnisdruck weiterbearbeitet – im Hintergrund war bei ihnen die Suche nach den tollsten Verwendungsmöglichkeiten der Alltagsgegenstände quasi mitgelaufen.

Wovor fürchten wir uns also, wenn wir dauernd die Zeit so mausetot schlagen müssen? Mögen wir unseren Geist nicht einmal mehr ohne Navi auf Wanderschaft schicken? Haben wir verlernt, ziellos zu sein? Oder vermissen wir dabei die Aufmerksamkeit, die allen anderen Tätigkeiten zukommt? Vielleicht haben wir ja Angst zu verschwinden, so ohne den digitalen Resonanzboden, die Aufmerksamkeitsindustrie? Dass wir erleben, was in einem der älteren Woody-Allen-Filme zu sehen ist: Bei einem Familientreffen in Brooklyn machen sich die Erwachsenen einen Spaß daraus, sich gegenseitig zu fragen, wo ein Junge abgeblieben ist. Der wiederum sitzt in ihrer Mitte und verzweifelt zunehmend, weil man ihn nicht zur Kenntnis nehmen will, er offenbar für die Welt unsichtbar geworden ist. Ich fand die Szene furchtbar und grausam. Aber sie trifft vielleicht ganz gut das Gefühl des Verlassenseins, das uns überfällt, sobald wir einmal beschäftigungslos und ganz auf uns zurückgeworfen sind. Wenn wir unsere Zeit bloß damit und mit nichts anderem füllen sollen. Dabei könnten wir uns gerade dann in bester Gesellschaft fühlen. Nämlich an der Spitze einer neuen Hipster-Bewegung, die zelebriert, was sich »The Joy of Missing Out« nennt. Also die Freude daran, etwas wegzulassen. Und also einmal mehr darüber nachzudenken, was wir brauchen – und was wir nur tun, weil wir glauben, es brauchen zu müssen.

Mir fallen da meine Eltern ein. Sie fanden, wer drei Kinder hat, der könne eben nicht noch dauernd feiern gehen oder ins Kino oder ins Restaurant oder verreisen oder im Sportverein an der Optik arbeiten. Sie waren praktisch acht Jahre in einer Art Light-Corona-Lockdown, und das auf 65 Quadratmetern zu fünft, zwischen ihrem 23. und 31. Lebensjahr. Klar, meine Eltern gingen arbeiten, wir machten Familienspaziergänge, besuchten bisweilen die Tante im Taunus und manchmal passte abends die Nachbarstochter auf uns auf. Sie hatten also ein wenig Auslauf. Was sie nicht hatten, waren Apps, die ihnen erklärten, wie man qualifiziert die Zeit totschlägt, digitale Medien, in denen sie nachschauen konnten, wie es Astronauten gelingt, auf engem Raum mit anderen nicht durchzudrehen, oder wie es die Promis schaffen, einfach mal daheimzubleiben. Vielleicht jammerten sie deshalb fast nie: weil sie gar nicht wussten, wie schrecklich es doch sein muss, freie, unbestimmte Zeit zu haben. Sie waren im Gegenteil ziemlich froh, wenn sie einmal nicht im Terminkäfig hin und her hetzen mussten und selbst bestimmen konnten, wie sie ihre Zeit verbringen. Ohne sich ständig dabei digital mit anderen abgleichen zu können. Sie haben dabei vielleicht nicht die Relativitätstheorie erfunden, aber viel gelesen, ihre wenige freie Zeit selbst gestaltet und – soweit ich das beurteilen kann und so viel sie davon erzählt haben – nie das Gefühl gehabt, bemitleidenswert zu sein. Oder gar von den Umständen von einem aufregenderen Leben ferngehalten zu werden. Als meine Mutter schon schwer krank und bettlägerig war, habe ich sie gefragt, was sie bedauere. Ob sie das Gefühl hätte, sie habe etwas verpasst. Sie sagte damals: »Ich hätte sehr gern noch mehr Kinder gehabt.«

Wir sollten uns vielleicht öfter mal fragen, ob wir uns wirklich nicht langweilen wollen oder ob es nicht eher so ist, dass wir uns nicht langweilen sollen. Schon um nicht auf die naheliegende Idee zu kommen, dass wir eigentlich gerade die nicht brauchen, die uns dauernd die Langeweile verscheuchen wollen. Möglicherweise finden wir ja heraus, was schon Sokrates entdeckt hatte: »Wie zahlreich sind doch die Dinge, derer ich nicht bedarf.« Und was für ein Geschenk die Ruhe ist, wenn man erst mal die Marktschreier der sozialen Netzwerke und das Höher, Schneller, Weiter der Freizeitanimateure wenigstens eine kurze Weile auf »stumm« gestellt hat. Falls man sich damit schwertut: Wie wäre es mit einer Let-it-be-Liste statt der endlosen To-do-Zumutungen? Das empfiehlt jedenfalls der Zeitforscher Jonas Geißler. Er meint, man solle doch einfach mal alles notieren, was man heute sein lässt. Weil auch eine Aufzählung der Dinge, die man nicht erledigen wird, einem sofort das herrliche Gefühl vermittelt, ganz viel Zeit zu haben und eigentlich überhaupt nichts zu verpassen.

Gottes Garten

»Wenn wir bedenken, dass wir alle verrückt sind,
ist das Leben erklärt.«

Mark Twain

SCHEUE REHE

Ich war ein sehr schüchternes Kind. Einmal war meine Mutter mit mir und meinen beiden jüngeren Geschwistern an die Nordsee gefahren und hatte sich gleich am ersten Tag bei einer Wattwanderung den Fuß aufgeschnitten. Sie schickte uns allein ins Restaurant um die Ecke. Wir bestellten und warteten. Die Erwachsenen an den Nachbartischen bekamen ihr Essen, zahlten und gingen. Andere Erwachsene kamen, bestellten, aßen und gingen. Das Restaurant leerte sich und schließlich kam die Bedienung, nicht etwa mit unsrem Essen, sondern um zu fragen, weshalb wir da immer noch saßen. »Wir haben noch nichts bekommen!«, sagte ich leise. »Mensch, da hättest du mal was sagen müssen. Tut mir leid, jetzt gibt es nichts mehr. Die Küche hat dicht.« Ich war so schüchtern, dass ich jedes Mal vor Aufregung krank wurde, wenn meine Kindergeburtstagsfeier nahte. Beim ersten Mal dachte meine Mutter, mir sei übel geworden wegen der vielen Luftballons, die ich für die Deko aufgeblasen hatte. Damals gab es noch keine Handys und so feierte sie an meiner Stelle mit sechs kleinen Kindern. Schnitt Kuchen auf, servierte Kartoffelsalat mit Würstchen und bespaßte für immerhin vier Stunden meine Gäste, während ich im Bett lag und mich elend fühlte. Im nächsten Jahr konnte man die Luftballons nicht mehr verantwortlich machen. Mein Vater pustete sie auf. Trotzdem wurde mir mittags sehr blümerant und wieder musste ich ins Bett. Diesmal war klar: Es war die Aussicht, einen ganzen Nachmittag im Mittelpunkt zu stehen, die mir so mächtig auf den Magen schlug. Erneut war es meine Mutter, die mit meinen Freundinnen feierte. Im Jahr darauf fragte sie: »Ich glaube, wir lassen das dieses Jahr, oder?« Und ich – fast achtjährig, also so gut wie schon erwachsen – antwortete: »Ich verspreche, dass ich diesmal tapfer bleibe!« Blieb ich aber nicht. Das nächste Fest feierte ich erst wieder an meinem 15. Geburtstag. Diesmal musste ich nicht ins Bett. Allerdings kann man nicht sagen, ich hätte den Abend genossen. Ich war vielmehr total angespannt und ziemlich deprimiert. Gerade hatte mein erster Freund mit mir Schluss gemacht, weil ich ihm zu still war. Eine Gelegenheit mehr, bei der ich mir wünschte, man könne diese nervige Eigenschaft wegoperieren wie die eitrigen Mandeln, die sie mir vor Kurzem herausgenommen hatten. Aber die Schüchternheit blieb. Selbstverständlich waren immer auch erste Dates ein Albtraum, ebenso wie die zweiten oder dritten. Und als ich einmal hörte, wie die Schriftstellerin Sibylle Berg in einer Talkshow sagte, gleich das ganze erste Jahr einer Beziehung könne ihr wegen all der Unsicherheiten gestohlen bleiben, dachte ich: Ja! Ja! Ja!

Mittlerweile weiß ich, dass man nicht dagegen ankämpfen sollte. Dass nicht die Schüchternheit das Problem ist. Es sind vielmehr die Extrovertierten, die ihre Eigenschaften so erfolgreich ins Rampenlicht stellen und damit die Schüchternheit in den Schatten verweisen. Denn die hat durchaus Vorteile. Zum Beispiel bin ich eine exzellente Beobachterin, ziemlich umsichtig und ein Ass im Vorausplanen, schon weil ich als Schüchterne kein Fan von Unvorhersehbarem bin. Viel zu aufregend. Ich habe mich nie spontan den falschen Männern an den Hals geworfen, sondern allenfalls nach reiflicher Überlegung. Und niemals eine der Drogen probiert, die man mir mit den Worten andiente, sie würden mein Bewusstsein verändern. Hat mir einfach Angst gemacht. Ich habe mehr Zweifel als manch andere, was manchmal quälend ist, aber letztlich dafür sorgt, dass ich bei allem ziemlich gründlich bin. Schließlich ist die sichere Seite mein absoluter Lieblingsplatz. Was die Scheu vor öffentlichen Auftritten anbelangt: Die ist mit den Jahren und mit der Erfahrung, dass man nicht stirbt, wenn man auf einer Bühne steht (selbst wenn es sich vorher so anfühlt), etwas weniger geworden. Ich habe schon vor mehr als 500 Menschen aus meinen Büchern gelesen und war einige Male im Fernsehen – anfangs vor allem darauf stolz, nicht einfach ohnmächtig zu werden, sobald sich eine Kamera auf mich richtete. Manchmal hat es sogar fast Spaß gemacht. Sehr entspannt hat mich dabei auch, was der Wissenschaftsjournalist

Jörg Blech über die Angst vor öffentlichem Sprechen schreibt: dass sie ein evolutionär bedingtes Unbehagen sei. »Schon früh barg öffentliches Sprechen große Gefahren. Wer beim Palaver am Lagerfeuer den falschen Ton anschlug und andere beleidigte, der musste um sein Leben fürchten.« Der Psychiater Jerome C. Wakefield von der New York University würde aus diesem Grund sagen: »Deshalb scheint ein Grad von Besorgnis über solche Situationen ein Teil von uns zu sein.«[25]

Ich werde zwar niemals zu den Menschen gehören, die »Super!« rufen, wenn man ihnen einen öffentlichen Auftritt in Aussicht stellt. Aber ich weiß mittlerweile auch, dass es sich mit Schüchternheit wie mit Cellulite verhält: Sie ist die Regel, nicht die Ausnahme. Immerhin nahezu die Hälfte der Bevölkerung bezeichnet sich als schüchtern. Und praktisch jeder hatte irgendwann in seinem Leben einmal eine schüchterne Phase. Schüchternheit betrifft Männer und Frauen gleichermaßen. Sie ist Teil des Temperaments, also angeborener biologischer Reaktionsmuster, wie Studien des US-Psychiaters Carl Schwartz bestätigt haben. Man nimmt an, nicht ein einziges Gen oder ein bestimmtes Chromosom sei dafür verantwortlich, sondern ein ganzes Bündel an Anlagen. Das heißt allerdings nicht, dass man lebenslang im Schneckenhaus biwakieren muss, während Schreihälse draußen die schönsten Lebenschancen abräumen, einfach nur weil sie am lautesten »Ich! Ich! Ich!« gerufen haben. Man kann sich durchaus einen gewissen Zugewinn an Souveränität aneignen. Aber nie wird ein schüchterner Mann sagen: »Klar werde ich diese eine hinreißende Frau ansprechen! Das wird toll!« Und ganz sicher wird eine schüchterne Frau nicht etwas total Witziges raushauen, wenn sie angesprochen wird. Sie wird vielmehr den Eindruck erwecken, als wäre sie jetzt lieber beim Zahnarzt. Schüchternheit ist also einfach ein Merkmal wie blonde Haare, braune Augen, ein Faible für Süßes oder eher für Salziges. Wider Erwarten kommt man mit ihr sehr weit: Die Scheuen verfügen nämlich über Qualitäten, die man, wie Kafka – selbst extrem schüchtern – meinte, »zu einer riesenhaften Kraft machen« kann. Beispiele, die diese zugegeben gewagte Theorie belegen, gibt es mehr als genug: Robbie Williams, Kim Basinger, Natalie Portman, Bill Gates, Nicole Kidman, Steven Spielberg, Lady Gaga, Robert Pattinson, Tom Hanks, John Cleese … Alles bekennende Scheue, die vielleicht gerade deshalb solch eine Karriere hingelegt haben, weil sie sich ein wenig intensiver in ihr Fach knieten, sich eher nach innen statt nach außen orientierten. Klar muss man die Schüchternheit dann und wann daran erinnern, dass sie nicht allein das Sagen hat. Genauso wie man sich bei einem eingebauten Faible für Süßes – und einer genetischen Disposition zur Moppeligkeit – dann und wann mal am Riemen reißen muss, um abends vor dem Fernseher nicht noch einen Schokopudding zu löffeln. Dennoch gehört die Zurückhaltung zu den besonderen Merkmalen, die uns voneinander unterscheiden und mit denen man sich im wahrsten Sinne des Wortes »bemerkenswert« macht. So war es jedenfalls einmal. Also bevor ganz gewöhnliche Eigenschaften zunehmend in »richtig« und »falsch«, in »gesund« und »behandlungsbedürftig« unterteilt wurden. Ja, Gottes Garten war einmal sehr groß. Jeder fand dort seinen Platz: die Scheuen, die Diven, die Mauerblümchen, die Zicken, die Herrischen, die Sanften, die Vorsichtigen, die Melancholiker, die Draufgänger, die Lustigen, die Ernsten, die Exzentriker, die Versponnenen, die Realisten. Jetzt sind wir aber gerade dabei, ihn in eine dieser Monokulturen zu verwandeln, indem genau festgelegt wird, was dort wie zu wachsen hat, wie groß es werden darf, was eliminiert gehört und was von Nutzen ist.

ALLES SO SCHÖN KRANK

Wäre ich ein paar Jahre später geboren, hätten mich meine Eltern vielleicht zu einem Kinderpsychologen gebracht. Verunsichert von Meldungen, nach denen Schüchternheit ein ernst zu nehmendes Handicap darstellt, etwas, das es »wegzumachen« gilt, damit das Kind nicht unglücklich wird. Sie würden vermutlich befürchten, das Kind sei in dieser Fassung, in der es geliefert wurde, nicht akzeptabel und unbedingt verbesserungswürdig. Und sie würden sich Vorwürfe machen, weil sie selbst so gar nicht als Selbstdarsteller-Rolemodel taugen.

Vielleicht hätte ein Experte eine »soziale Phobie« diagnostiziert, wie die Schüchternheit heute heißt, und mich als therapiewürdig klassifiziert. Schüchternheit ist mittlerweile eine Diagnose und residiert als solche längst weit außerhalb der Norm. Dorthin hat sie unter anderem die American Psychiatric Association (APA) gebracht. Dabei handelt es sich um einen sehr einflussreichen Verbund von Psychiaterinnen und Psychiatern. Er bringt das weltweit genutzte psychiatrische Klassifikationshandbuch *Diagnostic and Statistical Manual of Mental Disorders (DSM)* heraus. Ein Nachschlagewerk für psychische Störungen. Weltweit dient es als Orientierungshilfe, wenn es darum geht einzustufen, wer als krank gilt und damit als behandlungsbedürftig. Wer Verschreibungen »verdient«, also als Kunde der Pharmaindustrie infrage kommt. Umgekehrt beeinflusst es die Pillenhersteller natürlich auch: Indem sie nämlich danach entscheiden, wohin die Milliarden fließen, die in Forschung und Marketing gesteckt werden. In seinen Anfängen 1952 umfasste der Katalog noch magere 130 Seiten. Mittlerweile sind daraus fast 1.000 geworden. Seit 1980 taucht hier wie Kai aus der Kiste auch die »social phobia« oder »avoidant personality disorder« auf. »Mit einem Mal genügte dem DSM zufolge die bloße Befürchtung, dass man sich in einer sozialen Situation wiederfinden könnte, in der man möglicherweise von anderen beobachtet wird und sich dabei in blamabler Weise verhält, als Anzeichen für eine Sozialphobie«, so Florian Werner in seinem Buch *Schüchtern. Bekenntnis zu einer unterschätzten Eigenschaft.*[26]

Kein Wunder, dass bei einem so weit gefassten »Krankheitsbild« die Zahl der vermeintlich Betroffenen in die Höhe schoss. Und die Zeitschrift *Psychology Today* bereits 1993 die Schüchternheit als »psychische Störung des Jahrzehnts« bezeichnete. Mittlerweile gilt sie –

nach Alkoholismus und Depressionen – als die »dritthäufigste Form der psychischen Erkrankung in der westlichen Welt«. Um deren Behandlung hat sich, so formuliert es die Soziologin Susie Scott von der University of Sussex in England, eine ganze »Schüchternheitsindustrie« herausgebildet. Zu ihr gehört unter anderem auch das Shyness Institute, auf dessen Website gleich im ersten Satz der Bogen von »shyness« zu »social anxiety, and related anxiety disorders« geschlagen wird. Man will die Betroffenen »sozial fit« machen, sie aus ihrem »inneren Gefängnis« befreien.[27] Auch Pharmaunternehmen sind dabei natürlich gern behilflich. Denn wo eine Krankheit auftaucht, da ist auch immer ein Medikament. In diesem Fall sogenannte »selektive Serotonin-Reuptake-Inhibitoren« (SSRI). Sie wirken antidepressiv und angstlösend und werden etwa auch bei Panikattacken verschrieben. Allein die britische Firma GlaxoSmithKline nimmt damit alljährlich an die drei Milliarden Dollar ein. Als ganz normal gilt mittlerweile nicht mehr die Schüchternheit, sondern vielmehr, sie in eine Reihe mit anderen »Erbleiden« zu stellen – solchen wie Übergewicht, Bluthochdruck oder Diabetes Typ 2. Die ziemlich banale Abneigung, mit vielen Menschen zusammen zu sein, oder das Lampenfieber, vor einer Gruppe sprechen zu müssen, oder auch die Unsicherheit, allein ein Restaurant zu betreten, wurden kurzerhand zu typischen Symptomen erklärt. Der Anfang des »Erbleidens« wird dabei gern auf die frühe Kindheit oder den Pubertätsbeginn datiert. Das an sich ist schon entlarvend. Schließlich gehören Rollenunsicherheiten quasi zur Arbeitsplatzbeschreibung des Erwachsenwerdens. Sie sind keinesfalls etwas, das dringend wegmedikamentiert gehört. Man ist ja noch auf der Suche nach seinem Weg, muss sich ausprobieren, riskiert Niederlagen, Enttäuschungen und Unsicherheit. Ohne das alles würde es kein wirkliches Wachstum geben, sondern bloß Erledigungen. (Ich kann das ein wenig beurteilen, immerhin habe ich ein ordentliches Studium der Erziehungswissenschaften absolviert und sogar mit »sehr gut« abgeschlossen.)

Überhaupt würde etwas ganz Entscheidendes verschwinden, wäre die Schüchternheit endlich in jenem Zustand, in dem ihre Kritiker sie gern sehen würden: eliminiert. Die leisen Töne wären weg, eine Menge Freundlichkeit, Zurückhaltung, viel Kreativität, ein paar große kulturelle Leistungen ebenso wie einige naturwissenschaftliche. Denn wer weiß, ob sich etwa der Nobelpreisträger John Michael Kosterlitz – nach Auskunft seines Sohnes extrem schüchtern – so in die Hochenergiephysik reingekniet hätte, wäre er der schillerndste Draufgänger der Schule gewesen und vollauf damit beschäftigt, seine Dates zu organisieren. Nicht mal in unseren kühnsten Träumen könnten wir uns vorstellen, wie viel Weltliteratur gar nicht erst entstanden wäre, hätten ihre Verfasser – ganz und gar ungehemmt von Bedenken, sich zum Horst zu machen – eine steile Karriere als Aufreißer, Schwerenöter und Platzhirsch eingeschlagen, anstatt allein daheim vor sich hinzuschmachten und ihren Gefühlen schriftlich Ausdruck zu verleihen. Würde Lew Tolstoi heute leben, würde er seine Zeit womöglich gar nicht erst damit verbringen, *Anna Karenina* zu schreiben, sondern an einem jener Coachings teilnehmen, in denen eine selbst ernannte Aufreißerfachkraft dem Scheuen verspricht, sie von diesem Mimimi zu erlösen und die ganz tief drinnen schlummernden Womanizerqualitäten auf Betriebstemperatur zu bringen.

CASANOVA-FORTBILDUNG

Die Männer trifft das Etikett »Schüchternheit« besonders hart. Sie haben gefälligst souverän, cool und gegen jedweden Selbstzweifel vollumfänglich imprägniert zu sein. Dabei ist Schüchternheit unter Männern noch stärker verbreitet als bei Frauen. Vermutlich auch wegen der Diskrepanz zwischen Charakterplansoll und Eigenschaftengrundausstattung. Der übermächtige Leitwolfanspruch führt dazu, dass fast jeder zweite Mann das quälende Gefühl hat, dem nicht zu genügen und sich – im Gegensatz zur offensiven Männlichkeit – selbst sehr, sehr kleinmacht. So wie Martin, ein Freund. Ihn tröstet es wenig, dass er ein ausgezeichneter Kardiologe ist. Und außerdem sehr belesen, ungemein aufmerksam, freundlich, kultiviert, aber eben auch sehr schüchtern. Gerade deshalb hat er sich vor einiger Zeit kostenpflichtige Hilfe bei jemandem gesucht, der nichts von alledem ist und also deshalb – wie Martin fand – der ideale Coach. Es handelte sich um einen Mitbegründer der sogenannten »Pick-up-Artists-Szene«, der scheuen Männern kostenpflichtig beibringen will, wie man Frauen anbaggert. Wie man also auch einer von jenen wird, die die Soziologin Leonie Viola Thöne in ihrer Masterarbeit zum Thema so beschreibt: »Pick-up-Artists sind manipulative, frauenfeindliche Aufreißer, die einem mehrstufigen Plan vom ersten Ansprechen bis zum Sex folgen und eine große Zahl von einstudierten Verhaltensmustern und Tricks nutzen, um möglichst viele Frauen flachzulegen.«[28]

Im Fall von Martin wäre das, als würde der Tenor Jonas Kaufmann beim Wendler das Singen lernen wollen. Bloß weil bei *DSDS* mehr als 1,5 Millionen Zuschauer vor dem Fernseher hocken, während in Bayreuth bei den *Richard-Wagner-Festspielen* »nur« circa 50.000 den genialen Lohengrin erleben können. Trotzdem: Martin fand seinen Aufreißercoach toll. Er erzählt, dass ihm an der Veranstaltung aber vor allem gefallen habe, dort Männer zu treffen, die er als attraktiv und interessant wahrnahm und wie er auch schüchtern sind. »Ich fühle mich sonst immer als Sonderling und denke, die anderen sind viel toller, sehen besser aus, sind jovialer.« Hier hat er nun »die anderen« kennengelernt, die doch alles haben, was Frauen wünschen – und trotzdem nicht selbstbewusster oder lockerer auftreten. Eine große Erleichterung. Martin berichtet, wie die Männer von ihrem Coach Aufgaben bekommen hatten. Wie sie etwa einfach durch die Fußgängerzone laufen und dabei laut eine kleine Ansprache halten sollten. »Das hat mich Überwindung gekostet. Aber es ging.« Nur Frauen direkt anzuschauen und »Hallo!« zu sagen, das funktionierte nicht. »Ich habe ständig woanders hingesehen und bin vorbeigelaufen.« Martin ist auch nach 500 Euro immer noch kein Draufgänger. Ich finde ja: zum Glück. Ich mag mir nicht mal in meinen kühnsten Albträumen eine Welt voller Donald Trumps vorstellen, in der keiner mehr Angst hätte, sich zu blamieren. In der Zurückweisung gar nicht erst mitgedacht wird und man die Gefühle anderer schon aus Prinzip nicht auf dem Schirm zu haben braucht. Ein Zustand, der es nebenbei erfordern würde, dass mindestens die Hälfte der Bundesbürger dauerhaft angstlösende Psychopharmaka schlucken müsste, um mithalten zu können und als »normal« zu gelten. Natürlich kann Schüchternheit eine Ausprägung annehmen, die uns an der Lebensverwirklichung hindert. Dann muss und kann man gegensteuern. Aber beginnt das eigentliche »Leid« mit der Schüchternheit nicht schon dort, wo man uns Defizite einredet, die es gar nicht gibt? Bringt es nicht noch mehr »Mimimi« in die Welt, weil nun jede und jeder, der vor einer Rede nervös ist oder nicht den Kellner in aller Öffentlichkeit herunterputzt, weil das Essen lauwarm serviert wurde, oder eine Frau nicht sofort mit dem Spruch anbaggert »Dein Kleid würde gut zu meinem Schlafzimmerteppich passen!«, sich als Verlierer fühlt? Gleich heißt es: »Du kannst dich nicht durchsetzen!« oder »Meine Güte, sei doch nicht so passiv!«. Der Scheue hat ja ohnehin Sorge aufzufallen und tut es nun unfreiwillig noch mehr, indem er aus einem immer enger gefassten Rahmen gewünschten Verhaltens herausgestoßen wird.

Klar fühlt man sich dadurch sofort therapiereif. Nicht umsonst warnt der britische Soziologe Frank Furedi: »Wir haben angefangen, die menschliche Erfahrung durch das Prisma von Gesundheit und Krankheit zu interpretieren.« Und: »Wir pathologisieren menschliches Verhalten, erklären alles zu einer medizinischen Frage.«[29] Zunehmend wird ausgerechnet bei unserer Psyche die gute alte Pfuscherdevise angewandt: »Was nicht passt, wird passend gemacht oder soll sich gefälligst passend machen lassen.«

THE SHOW MUST GO ON

Ein Freund, Dozent im Fachbereich Germanistik, beklagte kürzlich, wie exzellent die Erstsemester sich präsentieren können, wie sie ohne Scheu vor den Kommilitonen stehen und Vorträge halten. »Bloß wissen tun sie nichts.« Was dagegen sehr gut gelernt wurde: dass in der Arbeitswelt und der Politik die Selbstvermarktung alles ist und man längst nicht mehr eine Leistung, eine Qualifikation, sondern vor allem sich selbst verkauft. Beispiel: Karl-Theodor zu Guttenberg, »Prototyp des Unschüchternen«, »Ikone der Selbstgewissheit«.[30] Lange überstrahlte seine Bereitschaft, sich mit allem, was ihm zur Verfügung stand (Geld, Geschmack, Frisur, Manieren, eine elegante Blondine an seiner Seite), rundum als »Luxusmarke« zu präsentieren, die eigentlich wichtige Frage: Ob da einer überhaupt Politik kann und nicht nur Schaulaufen. Das wäre fast gut gegangen und brauchte offenbar lediglich ein wenig mehr Zeit, als er dafür veranschlagt hatte. Denn nach einer Zwangspause, die ihm die Vorwürfe eingebracht hatten, seine erste Doktorarbeit sei zu großen Teilen abgeschrieben, wird er nun vehement wieder ins Spiel gebracht. Und man muss Sorge tragen, dass ihm tatsächlich noch eine große Politkarriere bevorsteht – denn seine Chancen dafür verbessern sich in dem Maße, in dem Zurückhaltung zum Makel erklärt wird und Präsentation alles ist.

Kaum noch eine Politikerin, ein Politiker, der nicht einen Instagram-Account unterhält, um vermeintlich ihr/sein Innerstes ganz spontan nach außen zu kehren und so aller Welt zu zeigen, dass sie/er nicht bloß eine Funktion innehat, sondern vor allem Mensch ist. Das hat die Wähler noch bei Helmut Schmidt wenig interessiert. Da wollte man nicht zwingend einen wie du und ich, sondern jemand, der vielleicht besser als man selbst etwas vom Staatenlenken versteht. Mittlerweile ist es fast wichtiger, dass es menschelt: Politiker also Katzen mögen wie Katarina Barley; morgens joggen, um auch in Latex blendend auszusehen wie Dorothee Bär; auch mit Pferden super können wie Robert Habeck oder mit Hunden wie Markus Söder. Als wäre die einzig zufriedenstellende Antwort auf die ewige Wählerfrage »Was machen die eigentlich den ganzen Tag?« mittlerweile auf Instagram zu finden. Entsprechend wählen wir nicht mehr nur alle vier Jahre, sondern wöchentlich. In diesem Turnus veröffentlicht jedenfalls *Focus* die Zahl der jeweiligen Instagram-Follower unserer Minister.

So bewahrheitet sich zunehmend ausgerechnet in den Schaltzentralen der Macht, was der britische Philosoph Bertrand Russell einmal gesagt hat: »Es ist ein Jammer, dass die Dummköpfe so selbstsicher sind und die Klugen so voller Zweifel.« Ein möglicherweise etwas grob geschnitztes Argument. Aber dann doch wieder nicht so falsch, schaut man sich einmal die Riege der Weltenlenker an und das, was sie in ihren jeweiligen Ländern anrichten: die Trumps, Erdoğans, Bolsonaros, Orbáns … Gut, man könnte auch argumentieren, dass die es doch eigentlich beneidenswert weit gebracht haben. Das allerdings vor allem getragen von einer heillosen Bewunderung für Blender, Schaumschläger, Selbstdarsteller. Aufmerksamkeit ist zum wichtigsten Rohstoff geworden. Da muss man eben starke Reize setzen. Deshalb ließen sich Söder und Scheuer während der Corona-Krise auch wie Großwildjäger neben einem erlegten Elefanten vor einem Berg von Mund-Nase-Schutzmasken ablichten – wohl wissend, dass die Macht der Bilder alles überdeckt. Auch die 550 Millionen Euro, die das Mautdebakel des Verkehrsministers den Steuerzahler kosten könnte. Sowieso längst vergessen: dass Markus Söder Oberaufseher der BayernLB war, die mithalf, den Fiskus zu betrügen. Er mag ja Hunde, hat außerdem Mund-Nase-Bedeckungen beschafft und muss also schwer in Ordnung sein. Gibt ja schließlich einen Fotobeweis.

»Man sollte heutzutage eben nichts unversucht lassen!«, damit kommentierte eine Freundin kürzlich auf Facebook das Bild einer Pianistin, die sich mit schwarzen Dessous und Flügeln – ausgestattet wie eine Hostess für den gehobenen Erotikbedarf – an einem Klavier hatte ablichten lassen. Wo immer mehr um Aufmerksamkeit buhlen, nimmt das Wettrüsten um Beachtung längst bizarre Züge an. Werden diejenigen ganz nach vorn gespült, die sich für nichts schämen, außer dafür, zu wenige Likes abgestaubt zu haben. Nur die zahlen sich umstandslos in barer Münze aus. Für die Politiker, die sich während der Corona-Krise regelrecht überschlugen, viel zu früh – und auch auf die Gefahr hin, eine zweite Covid-19-Welle zu säen – wieder Lockerungen einzuführen, um Wählergunst zu ernten. Und für all die B- und C-Prominenz, die vor allem davon lebt, sich für nichts zu schade zu sein. Mit schüchternen, zurückhaltenden Menschen dagegen lässt sich keine Quote und keine Schlagzeile machen, kein soziales Netzwerk am Laufen halten, geschweige denn ausbauen. Dem *Dschungelcamp* würden ebenso die Hingucker fehlen wie *DSDS* oder *GNTM*, ohne die gnadenlose Bereitschaft, sich bis auf die Knochen zu blamieren, und ohne jegliches Bewusstsein dafür, worin genau nun eigentlich die Blamage besteht. Auch das ist vielleicht eine Erklärung dafür, weshalb wir jetzt alle total forsch, laut und angstfrei sein sollen: Weil die Show weitergehen muss, noch größer werden und noch mehr einspielen soll. Schüchtern zu sein und es auch bleiben zu wollen wäre so gesehen fast schon ein Akt der Rebellion, ein Gegenmodell zu einer Gesellschaft, in der die Brüllaffen gerade dabei sind, das Lenken zu übernehmen. Und wir viel zu selten noch fragen: »Was kann der eigentlich? Macht er seine Arbeit gut? Wird er auch endlich dafür sorgen, dass die Kohlekraftwerke abgeschaltet werden, BEVOR alle Pole geschmolzen sind? Für Mieten, die sich auch Geringverdiener leisten können, votieren?« Sondern bloß daran interessiert sind, wie viele Follower er denn nun hat. Eigentlich müsste man die Scheu unter Artenschutz stellen. Aber nicht nur sie. Auch andere Eigenschaften will man uns abspenstig machen, indem man sie für unnormal und behandlungsbedürftig erklärt.

Seele zu verkaufen

»Schwarz ist eine so fröhliche Farbe.«

Addams Family

DU SOLLST NICHT TRAURIG SEIN!

Die Älteren unter uns, die als Kinder zum Glück noch bedenkenlos von ihren Eltern mit Gruselgeschichten versorgt wurden, in denen eine alte Frau erst einen Jungen essen will und dann selbst verbrannt wird *(Hänsel und Gretel)* oder eine Stiefmutter sich die Innereien ihrer angeheirateten Tochter servieren lassen möchte *(Schneewittchen)*, erinnern sich vielleicht noch: an Geschichten, in denen Unbedarfte ihre Seele, ihr Lachen, ihr Fühlen an böse Geister oder gleich an den Teufel verkaufen, um sich einen Vorteil zu verschaffen – nämlich Zauberkräfte, Erfolg, Reichtum, Macht, Liebe. Geht natürlich nicht gut aus. Die Protagonisten merken schnell, dass man von alldem nichts hat, wenn man sein Glück nicht fühlen, keine Freude verspüren und keinerlei Beziehungen eingehen kann. So auch in dem Märchen *Das kalte Herz* von Wilhelm Hauff. Darin träumt Peter Munk, genannt der Kohlenmunk-Peter, von einem Leben in Saus und Braus. Ein Traum, der ihn schließlich dazu bringt, sein Herz gegen eines aus Glas zu tauschen. Das bereut er allerdings recht schnell. Er kann nicht mehr lachen, nicht mehr weinen, empfindet keine Liebe und wird zu einem brutalen Egomanen. Natürlich – wir sind schließlich im Märchen – bekommt er eine zweite Chance, findet sein wahres Glück und lebt die simple, aber gerade deshalb so schöne Botschaft, dass ohne die Fähigkeit zu empfinden alles nichts ist.

Manchmal denke ich, wir gehen derzeit einen ganz ähnlichen Weg. Wir verkaufen vielleicht nicht unser Herz, lassen jedoch zu, dass man uns emotional enteignet. Wir sehen tatenlos zu, wie unsere Gefühle zunehmend mit einem Barcode versehen über den Be- und Verwertungsscanner gezogen werden. Nehmen wir zum Beispiel die Trauer. Als mein Großvater an Magenkrebs starb, standen meiner Großmutter dafür noch ganze zwei Jahre zur Verfügung. Ein Jahr trug sie schwarz, ein weiteres Jahr etwa, das sich »Halbtrauer« nannte, durfte sich in das Schwarz immerhin ein munteres Grau mischen. Ein Zeichen dafür, dass man auch mal wieder ausgehen konnte und sich langsam auf dem Weg zurück ins Leben befand. So weit war der Rahmen gesteckt, in dem man zwischendurch einfach haltlos in Tränen ausbrechen konnte, ohne gleich zu hören, dass es nun aber mal gut sei oder höchste Zeit, mit dem Verlust abzuschließen. Das machte Sinn. Es galt schließlich innerhalb eines Jahres sehr viel zu bewältigen: den ersten Geburtstag ohne den geliebten Menschen, das erste Weihnachten allein, den Hochzeits- und Kennenlerntag. Es gab ein brandneues Leben zu organisieren, das man so gar nicht gewollt hatte, in dem man sich aber nun zurechtfinden sollte. Kurz: Es taten sich jede Menge Gelegenheiten auf, die Fassung zu verlieren. Mittlerweile haben wir für die Untröstlichkeiten gerade mal zwei Wochen Zeit. Wer länger heult, gilt nicht nur als übertrieben gefühlig, sondern gleich als therapiewürdig. Auch das hat die American Psychiatric Association so entschieden. Sie definiert, ab wann bei Symptomen wie Traurigkeit, Appetitverlust, Konzentrationsschwierigkeiten, Energielosigkeit die Diagnose Depression gestellt wird. Waren das vor einiger Zeit noch immerhin zwei Monate, sind eben aktuell dafür 14 Tage vorgesehen.

Diese radikale Verknappung hat vor allem der Pharmaindustrie auf einen Schlag Millionen neue Kunden zugeführt und natürlich auch den Therapeuten einen Klienteltsunami beschert. Was 80 Prozent der Trauernden vermutlich normalerweise mit etwas Zeit nach Wochen oder Monaten ohne psychotherapeutische Hilfe oder Medikamente ganz allein geschafft hatten, ist in der angesagten Turbogeschwindigkeit kaum mehr selbst zu erledigen. Es ist, als würde morgens jemand an meinem Bett stehen und mich – die ich mit Mühe und nur an sehr guten Tagen sechs Kilometer jogge – zu einem Marathon auffordern. Jetzt. SOFORT. Um mir dann zu erklären, dass es ganz und gar nicht normal sei, wenn ich nicht aus dem Stand 42 Kilometer am Stück laufen könne. Ja, das ist irre. Und nicht nur das. Die Verkürzung der Trauerzeit wirkt auch wie ein Eiswürfelregen auf die gesellschaftliche Atmosphäre. Nun haben wir es ja ganz offiziell, dass wir uns nicht mehr allzu lange mit dem Elend anderer aufzuhalten brauchen und sie gleich in professionelle Hände empfehlen können. Also trauern die Betroffenen inkognito und dort, wo man nicht auf Abwehr, sondern auf Verständnis trifft. In einer Fernsehdokumentation über Eltern, die ihr Kind verloren haben, wurde ein Vater gefragt, warum er und seine Frau noch Jahre später nur mit der Selbsthilfegruppe verwaister Eltern in den Urlaub reisen. Er antwortete, das sei ganz einfach: In dieser Gruppe könne er einfach auch mal ein oder zwei Tage auf seinem Zimmer bleiben. Keiner würde große Fragen stellen oder darauf verweisen, dass es ihm sicher sehr viel mehr helfen würde, sich an den Strand zu legen oder an einem Ausflug teilzunehmen. »Jeder, der schon einmal einen geliebten Menschen verloren hat, jemand, der wirklich essenziell für ihn gewesen ist, weiß, dass es Jahre dauert, diesen Verlust zu akzeptieren. Trauer ist ein so langer Prozess, der niemals wirklich zu Ende ist«, sagt auch die amerikanische Schriftstellerin Cheryl Strayed.[31] Sie verlor mit 26 Jahren unter traumatischen Umständen ihre Mutter und verarbeitete den Verlust mit einer 1.600 Kilometer langen Wanderung durch die Wildnis. Über diese Erfahrung schrieb Strayed das Buch *Der große Trip*, welches zum Weltbestseller wurde und als Vorlage für einen Film diente. Mir gefällt ihre Haltung zur Trauer. Einfach weil sie gnädig und menschlich ist. Cheryl Strayed meint, dass sich die Lücke, die so ein Verlust hinterlässt, nie schließen wird »und nichts wird sie je füllen können«. Das ist schrecklich. Aber auch gut. Die Trauer ist ohnehin eine Teilmenge der Liebe. Sie hält uns in Verbindung mit dem Menschen, der jetzt so fehlt. Und sie ist eine Würdigung dessen, was er für uns war und was wir schließlich für andere sein wollen: einmalig. Unersetzlich. Das wollen wir uns wirklich nehmen lassen? Und: Die Gefühle verschwinden ja nicht einfach, nur weil sie nicht mehr da sein dürfen.

Als ob es nicht schon schlimm genug wäre, einen Menschen zu verlieren, sollen wir uns zu allem Übel noch mit der Diagnose »psychisch gestört« herumschlagen. Auch, damit sich das Umfeld nicht allzu lange verantwortlich fühlt, sich um den Hinterbliebenen zu kümmern, Rücksicht zu nehmen. Mit der verkürzten Trauerphase geht ja am Ende vor allem weniger Anteilnahme und Zutrauen in unsere Selbstheilungskräfte einher. Dabei sind wir eigentlich wahre Naturtalente im Wiederaufstehen, sich den Staub aus dem Gemüt zu klopfen, das Krönchen zu richten und weiterzumachen. Jeder von uns auf seine Weise. Manche früher, manche später. Einige können nach zwei Wochen vermeintlich genauso fortfahren wie vor dem Tod eines geliebten Menschen, andere liegen monatelang im Bett. Manche schließen sich einer Trauergruppe an, wie die Menschen, die sich hier in Frankfurt in den Räumen eines Bestattungsinstituts regelmäßig treffen. Schon aus der Erfahrung heraus, dass die Geduld derjenigen, die noch glücklich sind und keinen Ehepartner, kein Kind, keine Geschwister an den Tod verloren haben, zunehmend begrenzt ist. Was immer Menschen unternehmen, um wieder auf die Beine zu kommen, sagt nichts über die Tiefe der Trauer aus. Nur darüber, dass unterschiedlichen Menschen verschiedene Dinge bei der Verarbeitung und auch Gewöhnung an ein anderes Leben helfen. Es gibt keine Regeln bei dieser existenziellen Erfahrung. So zu trauern, wie ich das brauche, und mir so zu helfen, wie ich das – meist ja sehr gut – kann, ist deshalb auch eine wichtige Freiheit, die uns gerade genommen wird. Vielleicht muss man deshalb selbst erst mal erfahren, wie notwendig sie ist. Als die Amerikanerin Dr. Joanne Cacciatore 1994 ihre Tochter verloren hatte, konnte sie in den ersten Monaten nicht schlafen, nichts essen, keinerlei Freude empfinden. Auf ihrem Blog erzählte Cacciatore, wie ihre Familie deshalb so besorgt war, dass sie sie zu einem Psychologen schickte, der eine Depression diagnostizierte und ihr Medikamente empfahl, die sie jedoch nicht nahm, weil sie sich in ihrer Trauer nicht verstanden fühlte. Ein Jahr später erhielt sie von genau demselben Psychologen einen Anruf: Er wollte sich entschuldigen. Seine Tochter war gestorben und er machte nun durch, was Joanne Cacciatore erlebt hatte.

DIAGNOSE-TERROR

Meinen ersten großen Liebeskummer habe ich damals mit meiner besten Freundin »bearbeitet«. Wir sind mit den Rädern aufs Feld rausgefahren, haben dort am Rande eines Ackers ein kleines Loch gegraben und den Teil meines Tagebuchs beerdigt, der sich so exzessiv mit einem Typen beschäftigt hatte, der das ganz offenbar nicht verdiente. Dann haben wir ein kleines Tänzchen im nun strömenden Regen aufgeführt. Danach ging es mir deutlich besser. Selbstverständlich war es ein Ausnahmezustand, aber es handelte sich auch gleichzeitig um etwas, das eben passierte: mir, meinen Freundinnen, meinem Bruder, meiner Schwester. Jeder von uns hatte irgendwann einmal Herzschmerz. Und es war ganz normal, deshalb einmal völlig aus dem Tritt zu sein. Sicherlich dachte früher niemand daran, dass so ein Liebeskummer nur mit therapeutischer Hilfe zu bewältigen wäre. Gab ja nichts daran zu rütteln, es war nun mal eine wirklich richtig große Scheiße, verlassen zu werden. Dann verbrauchte man Familienpackungen an Kleenex und trank zu viel. Ja, auch die scheußlichen Sachen wie Ouzo oder Apfelkorn, bloß weil sie zufällig noch in der Vorratskammer standen. Shoppen half ebenfalls manchmal, wie damals, als ich 25-jährig beim Mittagessen bei meinen Eltern plötzlich in Tränen ausbrach, weil mein Freund eine andere hatte. Meine Mutter nahm mich in den Arm, mein Vater steckte mir 100 Mark zu mit den Worten, ich solle mir »was Schönes kaufen«. Fand ich erst etwas kaltschnäuzig, merkte dann aber: Selbst der vermeintlich »billige« Trost ist nicht zu unterschätzen. Vor allem aber hatte man Freundinnen, die einem noch die schlimmsten Dramen abfederten. Die man sogar nachts um zwei anrufen konnte, obwohl man vor lauter Schluchzen kein Wort mehr herausbrachte, und die trotzdem genau wussten, was man sagen – und vor allem – hören wollte. Heute, wo alles, was da innerlich tobt, rumort und einen quält, als behandlungsbedürftig gilt, könnte ich mich als Opfer eines Traumas fühlen und damit erst recht machtlos. Ein Mechanismus, den der Psychiater Michael Linden vom Rehabilitationszentrum Seehof der Deutschen Rentenversicherung einmal im *Spiegel* so beschrieb: »Wenn Sie inmitten einer Trennung stecken, dann geht es Ihnen schlecht. Das ist normal. Sagt nun jemand, Ihre Traurigkeit ist krank, nimmt er Ihnen auch die Möglichkeit, sich selbst zu helfen.«[32]

Es ist wie damals, als mir der Orthopäde bei einer Kontrolluntersuchung sagte, mit dieser Kniescheibe rechts – die so gar nicht ordentlich in ihr Knochenschälchen zu passen schien – könne ich keinesfalls mehr joggen. Ich hatte aber vorher mit derselben Kniescheibe und derselben Fehlstellung jahrelang sehr gut joggen können. Einfach, weil ich nicht wusste, dass es eigentlich gar nicht geht. Gut, jetzt könnte man einwenden, dass auch hier das Alter für eine gewisse Verschlechterung gesorgt habe. War allerdings nicht so. Ich bin einfach nach der Diagnose weitergelaufen. Problemlos. Klappt natürlich nicht in jedem Fall und sicher gibt es zahlreiche Defekte und Krankheiten, denen man keinesfalls mit Ignoranz begegnen sollte. Aber umgekehrt bringt das Etikett »krank« ja nicht etwa nur Erleichterung, weil das Unwohlsein nun einen Namen und damit einen Status hat. Es lähmt, was man in der Psychologie »Selbstwirksamkeit« nennt: das Zutrauen, seine Probleme selbst zu lösen, sich aus eigener Kraft aus dem jeweiligen Sumpf ziehen zu können. Und wo man glaubt, das sei nicht mehr möglich, wächst natürlich die Angst, von der Katastrophe überwältigt zu werden. Nachdem es immer mehr Diagnosen gibt, steigt eben auch das Gefühl der Überwältigung und damit des Ausgeliefertseins. Meine Mutter konnte etwa ihre Vergesslichkeit noch ganz lapidar unter »Alterserscheinung«, also »alltäglich« abbuchen. Ich hingegen muss schon eine »minore neurokognitive Störung« befürchten, sobald ich mal wieder meine Brille oder den Hausschlüssel suche. Gleich fühlt man sich kurz vor Alzheimer – also ziemlich verzweifelt – und überlegt schon, kleine Zettelchen in der Wohnung zu verteilen, die einen daran erinnern, wer man ist und wo man sich befindet. Wenn Heißhungerattacken jetzt »Binge Eating Disorder« (BED) heißen, hat man zwar endlich eine wirklich hübsche Entschuldigung dafür, dass man erneut wider besseres Wissen zur Chipstüte und nicht etwa zum Apfel greift. Doch gerade deshalb fehlt einem irgendwie auch die Motivation, den Hebel dort anzusetzen, wo man noch am meisten bewegen kann: bei sich selbst. Wo das Problem ja sehr viel größer zu sein scheint als das eigene Vermögen, etwas daran zu ändern, traut man sich Selbstveränderung längst nicht mehr zu. Ganz bestimmt muss da eine Fachkraft ran. Da tröstet es wenig, dass die Zugangsvoraussetzungen wie für die meisten Störungen auch beim »Binge Eating« denkbar niedrig sind. Und somit praktisch jede Frau in meinem Umfeld betroffen wäre, würde stimmen, dass schon ein Fressflash pro Woche genügt, um sich für BED zu qualifizieren.

Es bleibt eine Anleitung zum Unglücklichsein, dieses »disease mongering«. Das heißt so viel wie »Handel mit Krankheit«. Im englischen Sprachraum eine durchaus geläufige Bezeichnung, zumal von dort die allerschönsten Krankheits-Neukreationen kommen. »Ein Wutanfall könnte Ausdruck einer Psychose sein (›Intermittent Explosive Disorder‹), verträumt sein heißt ›Cognitive Tempo Disorder‹, Sammler leiden unter dem ›Hoarding Disorder‹, überschießende Gefühlsäußerungen sind ›Dysruption Mood Dysregulation Disorders‹.« Das schreibt der Chirurg, Autor und Verfechter einer menschlichen Medizin, Dr. Bernd Hontschik, und er sagt: »Krankheiten werden neuerdings nach der Verfügbarkeit von Medikamenten definiert.«[33] Nach der Devise »Jeder gesunde Mensch ist ein Kranker, der es noch nicht weiß« werden ja nicht nur ständig neue Leiden, sondern vor allem neue Absatzmärkte für Psychopillen und Therapien geschaffen. Mit teilweise abstrusen Begründungen, wie das Beispiel »Sisi-Syndrom« zeigt. Erfunden hatte es einst eine Werbefirma im hessischen Taunus im Auftrag des Pharmakonzerns SmithKline Beecham. Es tauchte 1998 erstmals in einer Werbeanzeige des Unternehmens auf. Dort stand zu lesen, die betroffenen Patienten würden unter einer ganz besonderen, tückischen

Form der Niedergeschlagenheit leiden: einer nämlich, die man als solche kaum erkennen könne. Diese Menschen würden zwar spüren, dass etwas mit ihnen nicht in Ordnung sei, wären aber gleichzeitig besonders aktiv und lebensbejahend. Als Namensgeberin hatte sich der Konzern die österreichische Kaiserin Elisabeth – Sisi – ausgewählt. Sie sollte so etwas wie der Prototyp sein für diese durch Unrast, Hyperaktivität, Stimmungsschwankungen, übertriebenen Körperkult, Selbstwertprobleme und zahlreiche Selbstbehandlungsversuche charakterisierte Depression. Auf drei Millionen schätzten Experten alsbald die Zahl der Betroffenen. Das wäre drei Millionen Mal die Ansage: »Du brauchst dringend Hilfe. Du denkst zwar, du wärst manchmal nur ein wenig niedergeschlagen – und dass das ganz normal sei. Dann versuchst du dich selbst aus dem kleinen Stimmungstief zu holen. Gehst vielleicht joggen, kaufst dir was Hübsches oder legst dich einen ganzen Tag ins Bett und schaust mindestens zehn Folgen irgendeiner Netflixserie. Aber während du glaubst, damit wäre die Sache vom Tisch, hast du es eigentlich nur noch schlimmer gemacht. Denn auch das ist ein Symptom der Krankheit: anzunehmen, dass Melancholie und Niedergeschlagenheit zeitweilig einfach zum Leben gehören. Sprich also lieber mal mit deinem Psychiater, ob er dir nicht etwas Ordentliches verschreiben kann.« Fünf Jahre nach der Erfindung des »Sisi-Syndroms« kam eine unabhängige Forschergruppe zu dem Schluss, dass diese Diagnose wissenschaftlich unbegründet sei.

Man könnte aus dem heiteren »Störungen erfinden« fast ein lustiges Partyspiel machen, wenn es nicht so traurig wäre. Es hat unter anderem dafür gesorgt, dass bei den verordnungsstärksten Medikamentengruppen Psychopharmaka an vierter Stelle stehen. Darunter am häufigsten verordnet werden Antidepressiva, gefolgt von Neuroleptika und Tranquillantien. Überdies wird längst durch alle Altersgruppen hindurch verordnet – schon weil praktisch jede Altersphase mittlerweile selbst als »Krankheit« gilt.

Das Alters- Mimimi

»Man sollte niemals zu einem Arzt gehen,
ohne zu wissen, was dessen Lieblingsdiagnose ist.«

Henry Fielding

PUMUCKL AUF DROGE

In Deutschland, so vermeldet der *Kinder- und Jugendreport* der DAK-Gesundheit, leiden knapp ein Viertel der Jungen und Mädchen unter psychischen Problemen. Das wäre ein Anstieg von über 100 Prozent in nur wenigen Jahren. Einige Prominenz hat sich dabei die Diagnose »ADHS« erworben – die Aufmerksamkeitsdefizit-Hyperaktivitätsstörung. Ein relativ neues Phänomen. Jedenfalls gab es das noch nicht, als ich Erziehungswissenschaften studierte. Damals hieß es »Kasper« oder »Klassenclown«, wenn Kinder – meist Jungs – nicht still sitzen konnten. Heute ist es eine Krankheit. »Ich habe ADHS!«, sagen einem schon Zehnjährige stolz, als würde es sich um eine Auszeichnung handeln. Und tatsächlich ist es sowohl für die Betroffenen als auch für ihre Eltern eine Erleichterung, eine Bezeichnung für ein Phänomen zu haben, an dem alle Beteiligten schier verzweifeln könnten. Im Unterschied zum ADS – dem Aufmerksamkeitsdefizit-Syndrom –, welches im Prinzip den Träumer ebenso beschreibt wie das Kind, das sich von jeder Kleinigkeit ablenken lässt und ständig Dinge verlegt oder vergisst, kommt bei ADHS ja noch ein ungeheurer, ungerichteter Bewegungsdrang hinzu. Wobei die Grenzen zwischen den beiden Extremen (dem Träumer und dem, was ältere Generationen gern als einen »Sack Flöhe« bezeichneten) durchaus fließend sein sollen.

Was lange bloß als Folge von Erziehungsfehlern galt, ist seit den 90er-Jahren als eigenes Krankheitsbild anerkannt. Obwohl die Erscheinungsformen von ADHS mindestens so alt sind wie der *Struwwelpeter* von Heinrich Hoffmann. Er war wohl der Erste, der mit seinem überdrehten Zappelphilipp der Hyperaktivität bei Kindern eine Gestalt gab, weshalb ADHS auch als »Zappelphilipp-Syndrom« bezeichnet wird. Etwa fünf Prozent aller Kinder – so Schätzungen – sollen an dieser Form der Hyperaktivität leiden. Unumstritten ist die Diagnose allerdings nicht. Kritiker fürchten, dass zu leichtfertig damit umgegangen wird und sie dazu missbraucht werden könnte, an den eigentlichen Problemen von Kindern, Eltern und der Gesellschaft allein mit Psychopharmaka vorbeizutherapieren. Schaut man sich an, was als typische Symptome von ADHS in der Pubertät bezeichnet wird – wie etwa »Unaufmerksamkeit, Null-Bock-Mentalität, oppositionell-aggressives Verhalten, Kontakte zu sozialen Randgruppen« –, ist man geneigt, diese Befürchtungen durchaus zu teilen. Schließlich gab es Zeiten, in denen, frei nach dem Soziologen Pierre Bourdieu, solches Verhalten als ganz normaler Abnabelungsprozess galt. Und die Idee, Autonomiebestrebungen mit Pillen zu bekämpfen, sicher noch ein paar mehr typische ADHS-Symptome – wie »Drucken von Flugblättern«, »Teilnahme an Demonstrationen und Straßenkämpfen« – hervorgebracht hätte.

Ganz zu schweigen von den Helden unserer Kinderzeit, solchen wie Pippi Langstrumpf, Karlsson vom Dach, Pumuckl, Michel aus Lönneberga. Lauter kleine Ruhestörer, die heute vermutlich mit Ritalin behandelt, handzahm und emsig im Unterricht mitschreiben würden. Niemand würde mehr vorleben, wie wunderbar eine Kindheit neben den Erwachsenen-Spurrillen sein kann. Die Rechtfertigung dafür könnte dann etwa so aussehen: »Wüchse Michel auch noch mitten in der Stadt auf, fände er keine Möglichkeiten, seinen Bewegungsdrang frei auszuleben, kein Verständnis für seine Streiche, dürfte er nicht oder nur selten nach Herzenslust spielen ... das würde ihn tatsächlich krank machen«, so der Heilpädagoge Henning Köhler zu den idealen ADHS-Diagnose-Wachstumsbedingungen.[34]

Denn auch das begleitete die ADHS-Diskussionen von Anfang an: die Befürchtung, man würde die Kinder nur ruhigstellen, damit sie in die immer weniger kindgerechten Umstände unserer Gesellschaft passen. Ebenso wurde moniert, dass man es Eltern möglicherweise mit dem Etikett »ADHS« manchmal etwas zu einfach machen könnte, indem man ihnen einen Ausstieg aus dem pädagogischen Ursache-Wirkung-Korsett bietet. Anstatt innerfamiliäre Konflikte anzugehen oder die Eltern als Urheber von problematischem Verhalten anzunehmen, würde einfach das Kind zum Problem erklärt.

Das sagt sich natürlich leicht, wenn man nicht den ganzen Tag mit einem Kind verbringen muss, das kaum zu bändigen ist, nicht zuhört und alles meidet, was nur entfernt nach Struktur riecht – vor allem aber: dabei ja selbst nicht glücklich ist. Andererseits ist es auch erstaunlich, dass das Phänomen nicht etwa gleichmäßig verteilt in Deutschland auftritt, sondern es offenbar vom Wohnort abhängt. Jedenfalls ist es regional sehr unterschiedlich ausgeprägt. In Bremen etwa leben laut einer AOK-Statistik nur 1,5 Prozent der jungen AOK-Versicherten mit dieser Diagnose. In Würzburg dagegen liegt der Anteil bei stattlichen 9,7 Prozent. ADHS scheint sich also nach Postleitzahlen zu richten. Und nicht nur das. Auch Geschlecht, Alter und offenbar sogar der Geburtsmonat spielen eine wichtige Rolle.

2012 hatte ein Team um Katrin Bruchmüller von der Universität Basel fast 500 Psychotherapeuten Fallbeschreibungen von Kindern vorgelegt. Das Ergebnis:»17 Prozent der befragten Profis diagnostizierten ADHS, obwohl die Kriterien nicht erfüllt waren. Interessanterweise neigten die Teilnehmer dazu, Jungen eher ADHS zuzuschreiben als Mädchen.«[35] Laut einer US-Studie erhalten auch die jüngeren Schüler in den Eingangsklassen der amerikanischen Grundschulen mit einer um 60 Prozent höheren Wahrscheinlichkeit eine ADHS-Diagnose. Und eine kanadische Studie kam zu dem Schluss, dass vor allem Jungen, die im Dezember geboren sind, ein um 30 Prozent erhöhtes Risiko haben, eine ADHS-Diagnose zu erhalten; Mädchen mit Geburtstag im Dezember sogar ein um 70 Prozent erhöhtes Risiko. Beide also mit einer entsprechend hohen Wahrscheinlichkeit, ein einschlägiges Medikament verschrieben zu bekommen. Der Grund: Die Dezemberkinder waren jeweils immer auch die Jüngsten über alle Klassenstufen hinweg – also womöglich einfach noch nicht »schulreif«. Statt einer Diagnose hätten sie vermutlich einfach etwas mehr Zeit gebraucht.

DAS LETZTE EI

Aber der Trend geht nun mal dazu, ganze Lebens- und Umbruchphasen als Problemzonen zu deklarieren. Ein genialer Schachzug. Die diversen Übergänge von der Kindheit zur Jugend, zum Erwachsenendasein und schließlich zum Altern sind ohnehin mit Irritationen verbunden. Man fühlt sich in der alten Rolle nicht mehr ganz zu Hause, ist aber in der neuen noch nicht so richtig angekommen. Nicht nur die Pubertät, auch die Wechseljahre bescheren einem dabei eine bisweilen verstörende Umstellungsphase. Wenn die Natur die Fruchtbarkeit zu den Akten legt, bekommt man als Frau ja schon einiges geboten. Lange bevor das letzte Ei gesprungen ist, hören die Eierstöcke bereits auf, regelmäßig ein Ei reifen zu lassen. Der Östrogenspiegel sinkt. Meint: Die Gebärmutter schrumpft, die Muskulatur des Enddarms, der Blase und all der anderen Organe. Der Kollagenanteil im Stützgewebe besitzt noch ungefähr so viel Elastizität wie ein alter Schlüpfergummi, die Bänder werden schwächer, die inneren sowie äußeren Schamlippen faltiger und die Wände der Vagina trockener sowie dünner. (Ja, das klingt schmerzhaft – ist es auch –, weshalb »Keine Lust auf Sex« noch mit auf die Liste der Wechseljahrheimsuchungen gehört.) Dazu kommen außerdem: Gewichtseinlagerungen, Hitzewallungen, Haarausfall, Herzrasen und die Gedächtnisschwächen, um noch ein paar Highlights aus dem offiziellen Wechseljahreventprogramm aufzuzählen. Auf 34 solcher Zumutungen bringt es der Wechseljahrsymptomkatalog. Das ist eine Menge. Aber offenbar nicht genug. Denn egal, weshalb man als Frau ab 40 zum Arzt geht – wegen Rückenschmerzen, blutendem Zahnfleisch, eingewachsenen Nägeln, einer depressiven Verstimmung, weil man vielleicht die zunehmend demente Mutter pflegt und seit einem Monat kaum noch unter Leute gekommen ist –, ständig bekommt man zu hören: »Typisch Wechseljahre!« Die werden wie eine Art altersbedingte Schwerstbehinderung bei Frauen betrachtet. Körperlich wie seelisch.

Im Grunde erhält man spätestens ab Mitte 40, was früher »Jagdschein« genannt wurde, nämlich eine amtliche Unzurechnungsfähigkeitsbestätigung. Den Nachweis, hormonell fremdgesteuert, also Opfer höherer Mächte zu sein. Leider nicht nur von Ärzten, die offenbar keine Lust haben, mehr für die mittelalte Patientin vor ihnen zu tun, als ihr Geburtsdatum zu lesen. Auch Frauen selbst haben verinnerlicht, dass sie so ab Mitte 40 praktisch »out of order« sind, und greifen dankbar zu, wenn man ihnen verspricht, sie aus der vermeintlichen Menopausenhölle zu befreien. Nicht umsonst titelte das Portal gruenderszene. de *Heißer als Hitzewallungen – das Geschäft mit den Wechseljahren*. Da locke immerhin ein enormer Markt, der so etwas wie einen natürlich nachwachsenden Rohstoff darstelle: In Deutschland sind heute mehr als acht Millionen Frauen zwischen 45 und 55 Jahre alt. Weltweit befinden sich 500 Millionen Frauen im besten Menopausenalter und bis 2025 werden wir mehr als eine Milliarde sein. Nicht auszudenken, wie viel Geld man scheffeln könnte, würde man auch nur einem Bruchteil erfolgreich einreden, dringend hilfebedürftig zu sein. Kein Wunder also, wenn Anbieter von Nahrungsergänzungsmitteln, Hormonersatzpräparaten und Stimmungsaufhellern sich wie Dagobert Duck kurz vor dem Kopfsprung in seine legendären Talerberge fühlen. Zumal auf eine solvente Klientel spekuliert wird. So rechnen Sanna Westman und Beata Klein (beide arbeiten als Investmentmanagerin beziehungsweise Analystin beim schwedischen Risikokapitalgeber Creandum) in ihrem Beitrag auf gruenderszene.de vor: »Die Zahl der weiblichen Führungskräfte und Managerinnen nimmt zu. Die Fortune 500 haben mehr weibliche CEOs als je zuvor. Und mit mehr Frauen am Arbeitsplatz nimmt das Bewusstsein für die Wechseljahre zu. Die Art und Weise, wie Frauen ihre Menopause bewältigen können, wirkt sich sowohl auf das Wohlbefinden der Mitarbeiter als auch auf die Leistung des Unternehmens aus.«[36]

Das ist sicher gut kalkuliert – aber ehrlich: Hat sich jemals jemand auch nur annähernd so viele Gedanken gemacht, was die Alphatiere im besten Seniorentelleralter gerade in den Schaltzentralen von Wirtschaft und Politik anrichten? Bloß weil sie eben älter sind? Hat schon mal irgendjemand »Typisch Andropause!« (das männliche Pendant zur Menopause) gerufen, wenn so ein greiser Leitwolf mal wieder was vergessen hat (Menschenrechte, Grundgesetze)? Oder nicht verstehen beziehungsweise immer noch nicht raushaben will, wie man eigentlich »dieses Zoom« bedient? Oder wegen jeder Winzigkeit ausrastet wie weiland ein Gast bei einem Essen, von dem eine Freundin erzählte: »Das war eine wirklich illustre Runde. Lauter Stützen der Gesellschaft – Klinikchefs, Manager, Unternehmensberater. Darunter einer, der haltlos und mit den übelsten Ausdrücken jeden beschimpfte, der nicht seiner Meinung war. Ich dachte wirklich, der hätte Tourette und man hätte nur vergessen, mir das zu sagen. Hatte er aber nicht. Er war bloß ein alternder, schlecht gelaunter Mann, dem niemand in die Parade fuhr.« Wurde jemals thematisiert, dass Trump oder Erdoğan vielleicht aus Altersgründen ganz offenbar nicht bei Trost sein könnten? Ich kann mich jedenfalls nicht erinnern. Und das ist sicher nicht nur ein weiteres Menopausensymptom. Eher kann man den Eindruck gewinnen, dass über den Umweg »Wechseljahre« wieder einmal die vermeintlich grundsätzliche Unzulänglichkeit alles Weiblichen auf den Tisch gebracht wird. Ein Klischee, das sogar bei Frauen auf fruchtbaren Boden fällt. Wir sind ja ohnehin allzeit bereit, uns als unzumutbar faltig, dick, hässlich, ungenügend, mangelhaft zu fühlen. Das behaupte nicht ich, das bestätigen so ziemlich alle Studien zum Thema »Selbstbild« und »Selbstwahrnehmung«.

Wo wir immer noch hauptsächlich über die Optik bewertet werden, wird das Altern mit all seinen – vor allem aber wegen seiner – optischen Begleiterscheinungen von vornherein als eine einzige Verlustrechnung erlebt. Eine Haltung, die nicht umsonst in Verdacht steht, sogenannte typische Wechseljahrbeschwerden noch zu befeuern. In anderen Kulturen leiden Frauen jedenfalls deutlich seltener darunter. Und zwar in solchen, in denen das Alter als Bereicherung angesehen wird: in China etwa, in Indien oder Japan. Sogar in Ostdeutschland haben die Frauen laut einer Studie weniger Umstellungsprobleme als die Westfrauen. (Deshalb wäre Soja als Erklärung für das entspanntere Klimakterium schon mal raus aus der Argumentationskette. Das gehört wie beispielsweise in Japan nun gerade nicht zu den Grundnahrungsmitteln in den neuen Bundesländern.) Umzug wäre also eine Möglichkeit, etwas gegen etwaige Symptome wie Niedergeschlagenheit, Selbstzweifel, Selbstwertprobleme zu unternehmen. Vieles andere bietet der Markt: Baldrian, Melisse, Soja, Rotklee, Traubensilberkerze, Sepia, Lachesis, Pulsatilla und Graphites – so die Mittel der Wahl in der Homöopathie. Da wir es mit unserem Körper zu tun haben, würde ich sagen: Was hilft, ist richtig. Und: Jede Frau muss für sich selbst entscheiden, womit sie sich besser fühlt. Die Verbraucherzentrale ist allerdings schon mehrfach zu dem Schluss gekommen, dass etwa die Wirkung sogenannter Isoflavone mit Soja oder Rotklee, die bei Wechseljahrbeschwerden helfen und vor Osteoporose schützen sollen, nicht nachweisbar ist. Und was die Launenhaftigkeit angeht: Klar, wo das Östrogen, auch »domestizierendes Hormon« genannt, geht, da verabschieden sich möglicherweise ebenfalls ein paar unserer angeblich weiblichsten Eigenschaften aus dem diplomatischen Dienst – solche wie Bescheidenheit, Duldungsstarre, Zurückhaltung. An ihre Stelle treten dann gern mal Ehrgeiz, Eigensinn, Entschiedenheit, Explosivität, Durchsetzungsfähigkeit. Möglicherweise lässt sich eine gewisse Ungeduld mit Männern, Kollegen, Handwerkern, Verkäufern und fast erwachsenen Kindern aber auch ganz einfach mit der guten alten Devise »Steter Tropfen ...« erklären. Mit Anfang 30 hatte man eben noch nicht Gelegenheit, seinem Liebsten 5.876-mal dabei zuzuschauen, wie er an den Nägeln kaut, oder sich 2.765-mal sagen zu hören, dass die nassen Handtücher nicht auf den Badezimmerboden, sondern in die Wäsche gehören. Man hat seine Kinder noch nicht 3.419-mal darüber aufgeklärt, dass die Küche nicht selbstreinigend ist, und auch nicht 3.650-mal das Licht im Badezimmer hinter ihnen ausgemacht. Kurz: Es liegt vielleicht einfach an gewissen Ermüdungserscheinungen, wenn eine Frau im besten Menopausenalter deutlich entschiedener wirkt als noch vor 20 Jahren und man die Frage »Was ist der Unterschied zwischen einem Geiselnehmer und einer Mittfünfzigerin?« so beantwortet: »Mit Geiselnehmern kann man verhandeln!«

HORMON(VER)SCHIEBUNG

Wir sollten aufhören, uns das Älterwerden als Mimimi einreden zu lassen, und uns auf all die Power freuen, die noch auf uns wartet. Auf die neue Gradlinigkeit, aber ebenso auf die Entspanntheit, die sich einstellt, wenn man endlich weiß, was man ändern kann – und auch, woran man sich noch in 20 Jahren vergeblich abarbeiten wird, und es deshalb zu den Akten legt. Wir könnten die Alterungserscheinungen als das nehmen, was sie sind: der Lauf der Natur. Und mit dem Blog des New Yorkers Ari Seth Cohen (advanced.style) unsere Vorfreude aufs Altern steigern. Der Streetstyle-Fotograf zeigt mit seinen Porträts hinreißender Ladys, dass es für Glamour, Souveränität, Stil keinerlei Altersbegrenzung und nur ein gestalterisches Prinzip gibt: »I never wanted to look young, I wanted to look great!« Überhaupt haben wir zum Glück eine Menge Rolemodels, die uns zeigen, wie das gehen könnte – schöner altern. Innerlich wie äußerlich. Solche wie Tao Porchon-Lynch, die bis zu ihrem Tod mit stolzen 101 Jahren noch als Yogalehrerin arbeitete. Oder Jane Fonda, die nach wie vor ein Hingucker ist – und nicht etwa, weil die Schönheitschirurgie an ihr wahre Meisterwerke vollbracht hat. Sondern weil sie zum Beispiel in der Serie *Grace and Frankie* einmal wieder großartige Schauspielkunst mit hohem komödiantischen Mehrwert abliefert. Wir haben Maren Kroymann, die so umwerfend klug und lustig ist, wie nicht mal 85 Oliver Pocher oder Dieter Nuhr. Wir – immerhin die Hälfte der Weltbevölkerung – sollten uns unser Älterwerden nicht als Behinderung weismachen lassen, bloß weil Kerle mit dem IQ einer Taschenlampe nur zwei Arten von Frauen kennen wollen: genießbar und ungenießbar.

Vielleicht hilft es uns ja zu wissen, dass viele der Beschwerden, die auf das Konto der Wechseljahre gebucht werden, »sich über die Lebensspanne wiederholende Schwellensituationen mit bio-psycho-sozialen Adaptationsleistungen (sind)«, wie unter anderem Kerstin Weidner, Professorin und Direktorin der Klinik und Poliklinik für Psychotherapie und Psychosomatik am Uniklinikum der TU Dresden, im *Deutschen Ärzteblatt* schreibt. Sie hat festgestellt, dass »Hormonverschiebungen« natürlich »zu Symptomen im körperlichen einschließlich vegetativen sowie psychischen und mentalen Bereich führen«.[37] Dass die jedoch nicht nur typisch sind für das Klimakterium, sondern auch in anderen Lebensphasen auftreten. Aus dem imposanten Katalog von um die 34 angeblich relevanten Wechseljahrzumutungen blieben bei ihren Studien einzig Hitzewallungen und Schweißausbrüche übrig als eindeutig »klimakteriumsspezifisch«. Sie fand außerdem heraus, dass Frauen nicht Opfer biologischer Zwangsläufigkeiten sind, sondern es auch stark von psychischen und sozialen Faktoren abhängt, wie gut oder schlecht man sich in dieser Lebensphase fühlt: »Frauen mit geringem Bildungsstand, im ländlichen Bereich wohnend, mit niedrigerem Haushaltseinkommen und weniger im Haushalt lebenden Personen wiesen höhere Beschwerden auf.« Weitere Einflussfaktoren waren Familienstand, Arbeitssituation, Migrationshintergrund. Aber auch die eigene Einstellung zum Älterwerden, zum Körper, zur Lebenszufriedenheit. Das Fazit der Forscherin: »Lebenszufriedenheit könnte ›immun‹ machen gegen Beschwerden in dieser Lebensphase.« Und: »Beschwerden, die im Klimakterium auftreten, dürfen entsprechend der wissenschaftlichen Literatur nicht vorschnell allein hormonellen Ursachen zugeschrieben werden.« Anders formuliert: Wären wir alle in glücklichen Beziehungen, hätten wir Aussicht auf eine anständige Rente (anstatt auf die durchschnittlich trostlosen 500 Euro, die Frauen hierzulande zu erwarten haben), wären die Kinder wohlgeraten und aus dem Gröbsten raus – und würde man endlich aufhören, Frauen wie ein Schwenksteak im Hochsommer zu behandeln, das nach kürzester Zeit ungenießbar ist … dann hätten wir einige Probleme weniger und bräuchten uns bloß noch mit den üblichen Abbauerscheinungen herumzuschlagen. Amüsiert beschreibt der amerikanische Autor James Gorman in der *New York Times*, dass er mit 57 Jahren NATÜRLICH nicht mehr so fit sei, und beantwortet die Frage, ob er nach dem Abendbrot einschlafen würde, mit:»Ja, manchmal sogar während des Essens.«[38] Ja, da kann man schon mal in eine Krise kommen. Und genau das ist auch gut so, wie Professor Hans-Werner Wahl, Psychologe und Direktor des Netzwerks Alternsforschung der Universität Heidelberg, anmahnt:»Krisen sind etwas Gutes – sieht man mal von schweren Krankheiten ab. Sie sind Wendepunkte, die uns weiterbringen.« Wenn wir uns denn auch aktiv mit ihren »Anforderungen auseinandersetzen«.[39] Und eben nicht den Stimmen folgen, die da behaupten, Altern sei an sich schon ein Gebrechen und man müsse Drogerie- und Apothekenregale leer kaufen, um es zu kurieren.

Natürlich wird man feststellen, dass man abends nicht als 50-Jährige ins Bett geht, um morgens als 30-Jährige aufzustehen. Die schlechte Stimmung, die daraus resultiert, ist – klar – nicht etwa einfach verständlich und logisch, sondern bloß ein weiteres typisches Wechseljahrsymptom. Es ist, als wäre man in einem dieser Häuser, die manchmal in Horrorfilmen auftauchen: Man kommt zwar irgendwie rein, findet aber keinen Weg mehr heraus. Alles ist Symptom, nichts mehr normal. So wie man früher sagte »Du hast wohl deine Tage?!«, heißt es nun eben: »Menopause!« Und damit wird Frauen wieder einmal unterstellt, dass sie niemals Argumente, sondern allenfalls Launen haben. Und anstatt etwas an den frustrierenden (Lebens-)Umständen zu ändern oder es sich zu erlauben, einfach mal traurig zu sein, weil die Kinder nun groß sind und weg – oder die Eltern hinfällig werden –, sollen wir eben noch mehr Soja oder Johanniskraut kaufen, um zu einer der *Frauen von Stepford* zu werden: ewig gleich milde gestimmt und unglaublich perfekt angepasst an die Erwartungen an eine mittelalte Frau. Selbstverständlich ist in dem gleichnamigen Film auch nichts echt. Die wirklichen Frauen wurden von ihren Männern durch lebensechte Weiblichkeitsautomaten ersetzt. Ja, das war ganz schön gruselig. Aber ehrlich: Sehr weit entfernt davon sind wir nicht mit dem Anspruch, man dürfe einer Frau weder ansehen noch anmerken, sie würde älter. Kein Wunder eigentlich, dass wir spätestens ab 50 manchmal ganz schön sauer sind. Das Einzige, was wir da tun sollten, ist nicht, uns noch einen Wechseljahrtee aufzubrühen, sondern zornig zu sein, unberechenbar, aufbrausend – einfach alles außer ein braves Mädchen.

LUST AUF REZEPT

Was Frauen in der Mitte des Lebens so aus dem Tritt bringen kann, ist im Grunde dasselbe, das Männer zu dem Zeitpunkt beschäftigt und der Schriftsteller Jurek Becker einmal so beschrieb:»In Wirklichkeit quält mich ja nicht, dass die Zahl der mir verbleibenden Jahre ständig abnimmt, sondern dass ich diese Jahre, wenn nichts Entscheidendes geschieht, auf eine so belanglose Weise verbringen werde … Alle Entscheidungen von Belang, die ich selbst zu treffen hatte, sind längst getroffen. Meine Ehe ist geschlossen, mein Beruf steht fest …«[40] Die Aussicht, noch mal irgendwann »Königin der Welt« zu werden, geht nun gegen null. Das kränkt schon mal. Und selbst die, die eigentlich alles haben – reizende Kinder, einen erfüllenden Beruf, einen liebevollen Partner –, stellen nun vielleicht einiges auf den Prüfstand und ändern idealerweise, was geändert gehört. Das sportliche Pensum etwa. Es steht tatsächlich zweifelsfrei fest: Regelmäßige Bewegung verlängert nicht nur das Leben, es steigert auch die Zufriedenheit.

Ganz ohne Nahrungsergänzungsmittel und Hormonersatztherapie. Veränderungen in Heimarbeit sind überhaupt das perfekte Gegengift gegen die so toxische Vorstellung, Frauen wären ohnmächtige Opfer einer körperlich und seelisch entfesselnden Hormonsause. Gefühle wie Stress, Frust, Enttäuschungen sind eben nicht bloß biochemische Phänomene, die sich medikamentös lösen ließen. Sie haben allermeistens Gründe. Darauf sollte man einfach öfter einmal beharren und auch darauf, dass man die selbst lösen kann. (Sogar auf die Gefahr hin, dass einem das als typischer Altersstarrsinn ausgelegt wird.)

Das gilt so ähnlich auch für das Lust-Mimimi. Ja, das gibt es ebenfalls. Dabei handelt es sich um die so kuriose Annahme, dass Frauen, wenn sie den Sex ungefähr für so spaßig halten wie eine Darmspiegelung, es natürlich niemals und unter gar keinen Umständen an dem daran beteiligten Mann liegen kann. Deshalb lässt sich das Problem auch keinesfalls damit lösen, entweder dem Mann zu erklären, dass das hier eine Klitoris und keine Kartoffelreibe ist, oder sich von ihm zu trennen. Man unterstellt vielmehr der Frau, mit ihr würde etwas nicht stimmen, sobald sie nicht schon beim Anblick eines erigierten Penis multiple Orgasmen bekommt. Von dieser Annahme ging auch Edward Laumann aus, ein Soziologieprofessor aus Chicago, der 1999 kurzerhand 43 Prozent der Frauen für sexuell gestört befand. Sofort fühlten sich Millionen Frauen frigide und mindestens ebenso viele Männer entlastet von der Verantwortung, an ihrer Sexperformance zu arbeiten. Lustlosigkeit hieß nun »female sexual dysfunction« oder »hypoactive sexual desire disorder« und galt bald als die »am weitesten verbreitete sexuelle Krankheit bei Frauen« mit entsprechendem Therapiebedarf. Nicht mehr nur Pfizer – auf dessen Lohnliste der Soziologieprofessor stand – hatte nach dem Erfolg von Viagra, mit dem der Konzern seit 2003 zwischen 1,6 und zwei Milliarden Dollar jährlich erwirtschaftete, nun die Frauen im Visier. Auch andere Pharmakonzerne witterten gigantische Absatzmärkte. Allerdings zeigte sich, dass sich weibliche Erregung nicht so einfach wie die männliche allein mittels eines Mehr an chemisch befeuerter Blutzufuhr in die Genitalorgane steigern lässt. Also versuchte man mit Antidepressiva luststeigernde Effekte zu erzielen, die direkt auf die Hirnchemie wirkten. Aber auch diese Rechnung – »gute Laune trotz lausigem Liebhaber« – ging nicht auf. Pflaster, Salben, Cremes mit Testosteron brachten ebenfalls nicht den gewünschten Erfolg. In Studien zeigte sich vielmehr, dass die niedrigere Konzentration des männlichen Sexualhormons in den Wechseljahren nichts mit der verminderten Lust zu tun hat. »Doch obwohl eine positive Wirkung auf die Libido nie nachgewiesen werden konnte, verschreiben amerikanische Ärzte jedes Jahr millionenfach Testosteron-Präparate.«[41]

Sicher: Wenn Frauen keine Lust haben, muss das nicht zwingend immer an den am Sex mit ihnen beteiligten Männern liegen. Aber es wäre doch immerhin ein erster Lösungsansatz, es einfach mal mit Aufmerksamkeit, Interesse, Zuwendung, Zärtlichkeit, Zeit, Gesprächen und mit weniger Streit, Fernsehen, Sprachlosigkeit, Ignoranz und Alkohol zu versuchen. Ganz simpel eigentlich und das Beste daran: Man kann das wunderbar allein zu zweit daheim erledigen. Einerseits. Andererseits scheint das Interesse, zumindest die kleineren bis mittleren Probleme in Eigenregie zu lösen, eher immer geringer zu werden. Ein Phänomen, das eng mit einem zweiten verbandelt zu sein scheint: dass die kleinen Probleme vom Aussterben bedroht sind, während sich die großen vermehren wie die Karnickel. Denn bei jedweden Schwierigkeiten gilt mittlerweile: Think big! Oder anders formuliert: Keine Malaise ist zu klein, als dass sich nicht auch ein großer Krankheits- und somit Bedeutungsgewinn daraus ziehen ließe.

Alles so schön kaputt hier

»Ich bin nicht sehr krank, ich kann noch drüber reden.«

William Shakespeare

JESUS KAM NUR BIS OBERRAD

Einmal bekam ich von einem Magazin den Auftrag, mich ein wenig in der Esoterikszene umzuschauen. Unter anderem buchte ich mich deshalb für das Wochenendseminar »Channelling« ein. Es versprach interessant zu werden, immerhin war Jesus als Stargast angekündigt. Gut, man hätte sich fragen können, ob Jesus an einem Samstag nichts Besseres zu tun hat als einen Auftritt in einem Hinterhaus im Frankfurter Stadtteil Oberrad. Aber Channelling ist ja praktisch das Gegenteil solch profaner Fragen. Es steht für den Empfang von Botschaften übernatürlicher Wesen, und zwar durch eine Person. Das heißt, das Wesen nutzt den Menschen als Sprachrohr. In diesem Fall eine Frau, die das – soweit man das beurteilen konnte – hauptberuflich tat. Ihre Kunden waren offenbar nicht zum ersten Mal hier. Es fühlte sich im Gegenteil für mich so an, als wäre ich in eine Privatparty geplatzt, die einzig Fremde unter lauter Bekannten. Zunächst sollten wir zehn Teilnehmer uns erst mal mit wildem Gehopse locker machen. Dann gab es eine kleine Pause, bevor Jesus seinen großen Auftritt hatte. Eine Frau erzählte in der Zwischenzeit, wie sie ein paar Tage zuvor mit ihrem Auto liegen geblieben war. »Wie sich zeigte, war die Batterie leer. Da habe ich gleich verstanden, was mir das Universum sagen wollte: Auch meine Batterien sind total leer!« Ich erwiderte nicht, dass das womöglich endlich all die Kriege und überhaupt das ganze Elend auf der Welt erklären würde, wenn das Universum nichts Besseres zu tun haben sollte, als sich mit dem Energielevel von Ursula aus Offenbach zu beschäftigen. Ich wollte ja das Wesentliche nicht wegen Kleinlichkeiten verpassen. Vorn auf dem Podest im Seminarraum ereignete sich jetzt nämlich etwas durchaus Erstaunliches. Das menschliche Sprachrohr lieferte dort eine wirklich beeindruckende Atemperformance ab – es klang, als hätte man eine Hochleistungsabzugsanlage eingeschaltet, so rauschte die Luft durch ihre Lungen. Schließlich hörte man sie mit einer tatsächlich völlig anderen Stimme sagen »Liebe ist alles« und noch ein paar Sätze, die selbst einem Glückskeks zu banal gewesen wären. Und ich dachte: Echt jetzt?! DAFÜR hat sich Jesus auf den Weg gemacht?! Und vor allem: DAFÜR hat jeder hier 150 Euro bezahlt?! So ernüchternd ging es auch in den weiteren Seminaren weiter: beim Rebirthing, beim Aura-Soma, beim Schamanismus und bei der Chakrenarbeit. Und nein, es sind keine Minderheiten, die den Sinn ihres Lebens jenseits der Vernunft suchen. Eine Bekannte schrieb mir kürzlich, sie baue gerade gemeinsam mit einer Freundin eine Heilerpraxis auf. Es ginge um die »Akzeptanz und die Versöhnung von Frauen mit ihrer eigenen männlichen Energie«. Das sei es ja gerade, was unsere »derzeitige Gesellschaft brauche«. Beide Frauen waren vordem als Verkäuferinnen tätig. Macht aber nix, denn mit »Psychologie im herkömmlichen Sinne« habe ihre neue Aufgabe sowieso nichts zu tun. Als Qualifikation genüge, dass eine von beiden schon als Kind Einbrüche in den Lebensmittelladen ihrer Eltern vorhergesehen habe. Es läuft. Und nicht nur bei den beiden. Bis zu 20 Milliarden Euro werden in Deutschland nach Schätzungen mit solcherlei Angeboten mittlerweile umgesetzt: mit dem Glauben an heilende Hände, Kraftworte, geheime Pyramidenenergien oder daran, früher schon mal gelebt zu haben. Ob als Huflattich oder Briefbeschwerer? Das lässt sich mithilfe von »Rückführung« mühelos feststellen – mit Ergebnissen, wie sie Hansjörg Hemminger in seinem Buch *Rückkehr der Zauberer* zitiert: »Therapeut: ›Wie fühlst du dich als Flechte?‹ Klient: ›Ja, ganz trocken. Ich weiß nicht, was ich sagen soll … es ist schon etwas Bewegliches an mir, im Vergleich zum Stein.‹«[42]

Wie sich Vermögendere Personal leisten, so leisten sich viele eben jemand, der sich länger mit ihnen beschäftigt als die durchschnittlich 7,6 Minuten, die ein Arztbesuch dauert. Bei dem Aufmerksamkeit und das Gefühl, etwas Besonderes zu sein, im Preis inbegriffen sind. Etwas, das Schulmedizin nicht so einfach zu leisten bereit ist. Erst kürzlich kam eine Freundin ziemlich enttäuscht von einem Besuch bei ihrem Kardiologen zurück. Ich wusste, dass sie sich wegen unerklärlichen Herzstolperns hatte untersuchen lassen wollen, und befürchtete schon das Schlimmste. Schlimm war es auch, allerdings nicht so wie gedacht. »Der Arzt meinte, das sei bei Frauen in meinem Alter nichts Ungewöhnliches. Ich sollte mir keine Sorgen machen!«, erzählte sie. »Sei doch froh!«, erwiderte ich und dass man eigentlich erst dann richtig alarmiert sein müsste, wenn ein Arzt aufblickt und einem erklärt, »dass ihm SO ETWAS in seiner 30-jährigen Karriere noch nie untergekommen« sei – und er jetzt nicht weiterwisse. Die Reaktion meiner Freundin hörte sich immer noch bedröppelt an: »Ja, aber ich dachte, ich hätte irgendwie etwas, das nicht alle haben! Ich glaube, ich gehe noch mal zu der Heilpraktikerin, die man mir empfohlen hat.« Am liebsten hätte ich ihr gesagt, dass das Bedürfnis, seine Leiden geadelt zu wissen, indem man sie außerhalb der Norm ansiedelt, längst auch so ein Allerweltsphänomen ist. Und das Besondere heutzutage eigentlich wäre, einmal nichts Besonderes zu haben oder sein zu wollen. Aber wer würde einem dann noch ewig zuhören? Wenn man lediglich mal müde ist, niedergeschlagen, unglücklich, gelangweilt bei der Arbeit oder gestresst? Auch genau aus dem Grund lassen wir uns so gern zu Mängelexemplaren erklären – mit beeindruckenden Diagnosen, die etwas hermachen, ebenso wie die dazugehörigen Therapiepläne. Wir fühlen uns gleich sehr viel ernster genommen. Deshalb erlauben wir anderen gern, immer größere Claims in unserem Leben abzustecken, um sie mit dem Warnhinweis zu versehen: »Betreten der Baustelle nur in Begleitung von Profis!«

Der Defekt ist heute ein wichtiger biografischer Baustein. Und zwar quer durch alle Schichten und Altersgruppen. Selbst am Kiosk – oder »Wasserhäuschen«, wie man hier in Frankfurt sagt – hört man Menschen sich so souverän durch den Dschungel der Psychodiagnosen parlieren, als hätten sie eben noch eine Gruppentherapie geleitet und nicht bloß das fünfte Bier bestellt. Mit schwerer Zunge erklärt da der eine dem anderen, wie er zur Flasche kam. Grund sei seine »Bindungs-störung«, die mit einer Verlustangst einherginge – es würde sich bei ihm demzufolge um eine »Komorbidität« handeln. Das ganze Elend – das Saufen also – sei eigentlich durch die Scheidung seiner Eltern begründet: »Mein Trauma!« Man könnte ihm entgegnen: »Es ist deine Leber, nicht die deiner Eltern, die du da gerade ruinierst!« Oder: »Seitdem sind mindestens 40 Jahre vergangen! Schläfst du etwa auch noch in dem Bärchenpyjama von damals?« Der Mann ist um die 50 und gerade dabei, sich und seine Probleme so groß zu machen, dass er keinesfalls selbst mehr drankommt. Damit liegt er voll im Trend. Denn der geht zur psychischen Fehlschaltung. Heute hat nämlich nicht nur jeder sein Päckchen zu tragen, nein, er besorgt sich dafür auch eindrucksvolles Einschlagpapier aus den unendlichen Weiten des Psychokosmos. Und ein Etikett, auf dem steht: »Hier stehe ich, ich kann nicht anders. Hat mein Therapeut gesagt!« War die Promi-Klatschwelt früher voller heißer Affären, pikanter Beziehungen, abenteuerlicher Gewichtsabnahmen, so füllt sie heutzutage die Schlagzeilen mit Essstörungen, Depressionen, posttraumatischen Belastungssyndromen, Phobien. Um da noch mithalten zu können, muss man sich schon etwas einfallen lassen – so wurde etwa David Beckham von dem Portal gofeminin. de nur deshalb in die illustre Riege der bekennenden »Gestörten« aufgenommen, weil er in Hotelzimmern erst entspannen kann, »nachdem er alle herumliegenden Zettel und Bücher in Schubladen gelegt hat«.[43] Nicht auszudenken, wie unsere Welt aussehen würde, hätten alle Männer dieses eine Problem: Sie wäre voller aufgeräumter Wohnungen und es gäbe fast keine Scheidungen mehr.

Nein, man soll über Krankheiten keine Witze machen. Tatsächlich sind es durchaus ernste Diagnosen, zu denen sich die Prominenz da bekennt. Sie leistet mit ihren Outings sicherlich auch einen wichtigen Beitrag zur Enttabuisierung psychischer Störungen und für mehr Toleranz gegenüber Betroffenen. Auf der anderen Seite sind sie vielleicht aber nur ein Symptom für die unendliche Ausweitung des Seelenknacks- und Psychomackenkosmos, in dem wir uns alle irgendwann als grundsätzlich defizitär empfinden werden. In dem alle Probleme aus unserem Denken und Fühlen kommen und alle Lösungen von außen eingekauft werden können. In dem es auch nicht mehr die Umstände sind – solche wie Arbeitslosigkeit, prekäre Beschäftigungen, zu kleine Wohnungen für viel zu hohe Mieten, in denen wir viel zu eng aufeinanderhocken –, die uns unglücklich machen und einem zufriedenen Leben entgegenstehen, sondern wir. Möglicherweise ist es ja überhaupt schon das erste Anzeichen von Wahn zu glauben, dass dringend etwas an den Mieten in den Großstädten geändert gehört oder an der ungerechten Bezahlung von Männern und Frauen. Oder dass Alleinerziehende mehr unterstützt werden sollten oder Pflegekräfte besser bezahlt (und man dafür vielleicht bei der jährlichen Gewinnausschüttung für die Aktionäre spart). Oder zu denken, dafür demonstrieren gehen zu müssen, anstatt sich auf die Therapeutencouch zu legen. Ja, diese Idee vom Irresein ist ziemlich praktisch. Jedenfalls für Aktiengesellschaften und die Sozial- wie Wirtschaftspolitik.

DER ABSOLUTE WAHNSINN

»Anton-Syndrom« nennt sich eine Hirnschädigung, bei der Blinde glauben, ganz normal sehen zu können. Sie merken zwar, dass sie offenbar total schusselig sind, weil sie ja ständig irgendwo anecken, etwas umstoßen oder über etwas stolpern. Aber ansonsten fehlt ihnen völlig das, was man in unseren Breitengraden gern »Krankheitseinsicht« nennt. Hält man ihnen einen Gegenstand vors Gesicht, beschreiben sie den so selbstverständlich wie falsch und werden total sauer, wenn man ihnen damit den Nachweis erbringen will, nicht sehen zu können. Sollten wir also denken, in unserem Gefühlshaushalt ebenso am Ruder zu sitzen wie in unserem Oberstübchen, bilden wir uns das ja vielleicht auch nur ein. So wie in dem Aphorismus von Blaise Pascal, der besagt, dass der Mensch zwangsläufig wahnsinnig sei und nicht wahnsinnig zu sein einfach eine andere Form des

Wahnsinns bedeute. Joaquim Maria Machado de Assis (1839–1908), einer der bedeutendsten Schriftsteller Brasiliens, Autor von fast 170 Kurzgeschichten, muss so etwas Ähnliches im Sinn gehabt haben, als er die Novelle *Der Irrenarzt (O Alienista)* schrieb, die als eine der besten psychiatrischen Erzählungen der Weltliteratur gilt: Der Arzt Simão Bacamarte, angeblich die größte wissenschaftliche Autorität Portugals und Brasiliens auf dem Gebiet der Zerebralpathologie, eröffnet in dem kleinen Städtchen Itaguaí ein Irrenhaus mit dem schönen Namen »Casa Verde«. Dieses Haus gilt es nun zu füllen. Und zwar mit einer sehr eigenwilligen Auffassung vom Irresein. Das tut der Arzt nun auch recht emsig, indem er Vernunft als das »vollkommene Gleichgewicht aller Fähigkeiten« definiert und alles, »was darüber hinaus liegt«, zum »Wahnsinn« erklärt. Ein Patientenbeuteschema, das letztlich nach und nach vier Fünftel der Bevölkerung und später sogar die eigene Frau zu Internierten macht. Praktisch jeder zeigte unter der Wahnsinnslupe des Doktor Simão Bacamarte irgendwann verstörende Symptome – solche, die ihn für eine Einweisung qualifizierten: Wenn einer log, geizig war oder verschwenderisch, war das ebenso suspekt wie Eitelkeit oder Neugier. Irgendwann war »verrückt« das neue Normal, weil das ganze Dorfleben nun praktisch hinter den Mauern der »Casa Verde« stattfand. Bis der Nervenarzt überraschend verkündete, alle wären sofort entlassen. Eine Prüfung seiner Lehre habe ergeben, »dass die wahre Lehre nicht diese, sondern die entgegengesetzte ist«. Fortan galt die Unausgeglichenheit der geistigen Fähigkeiten als gesund – als krank dagegen, wer total im Gleichgewicht mit sich war. Ein genialer Schachzug: So hatte der Arzt den Nachweis erbracht, alle geheilt und die »Herrschaft der Vernunft in Itaguaí« wiederhergestellt zu haben.[44]

»Is disability the new normal?«, fragt mehr als hundert Jahre später auch der britische Soziologe Frank Furedi.[45] Eine berechtigte Frage angesichts erschreckender Zahlen. Laut einer Langzeituntersuchung der DAK-Gesundheit hat sich die Zahl der Krankschreibungen wegen psychischer Probleme in den letzten 20 Jahren nämlich mehr als verdreifacht. Häufigste Diagnose: Depression. Gefolgt von sogenannten »Anpassungsstörungen«, wie sie etwa nach schweren Schicksalsschlägen wie dem Tod eines geliebten Menschen diagnostiziert werden, »neurotischen Störungen« sowie »Angststörungen«. Und ein Report der Barmer kam 2018 zum Ergebnis, dass etwa jeder sechste Studierende »psychisch krank« sei – das wären summa summarum 470.000 Betroffene. Man schätzt, immerhin ein Drittel der Studienabbrüche stehe in direktem Zusammenhang mit diesen Zahlen: dass also der laut des Deutschen Zentrums für Hochschul- und Wissenschaftsforschung meistangegebene Grund »Überforderung« eigentlich immer auch »Angststörungen« und andere psychische Störungen meint. Allein 86.000 Studenten sollen nach der Barmer-Studie unter Depressionen leiden. Als Ursache für diese enorme Zahl nennt Ursula Marschall, die an der Studie mitarbeitete, in einem Interview mit dem Deutschlandfunk einmal das öffentliche Bewusstsein für den gestiegenen Leistungsdruck und die wachsenden Anforderungen. Zum anderen aber würde die Präsenz des Themas dafür sorgen, »dass ich als Betroffener viel häufiger auch meine eigenen Gefühle wahrnehme«.[46] Und dementsprechend Hilfe suche sowie Beratungsangebote nutze. 60 Prozent mehr Kontakte von Studierenden mit Psychologen des Studentenwerks gab es diesbezüglich 2017. Das ist sicher gut. Allerdings wird vielleicht manches Alltagsproblem aufgrund der allgegenwärtigen Psychologisierung bereits so hoch aufgehängt, dass man bei der Analyse fast schon reflexhaft auch ganz oben einsteigt.

Ich weiß nicht, ob der Sohn meiner Kollegin Hanne – introvertiert, mit hochfliegenden Plänen und geringer Frustrationstoleranz – vor ein paar Jahren nicht noch in Eigenregie Anspruch und Fähigkeiten angeglichen hätte. Ob er nicht auch für sich Exitstrategien aus dem tiefen Frusttal entwickelt hätte – und über diesen Zuwachs an Eigenverantwortung sehr froh gewesen wäre. Und ob nicht auch stimmt, was seine Mutter selbst sagt: »Als wir so alt waren, hatten wir uns ja auch hin und wieder sehr trostlos gefühlt und uns manchmal in unserem

Unglück regelrecht gesuhlt. War rückblickend irgendwie sogar ganz schön.« Selbstverständlich haben wir unsere Eltern von unseren Weltschmerzepisoden niemals in Kenntnis gesetzt. Einmal, weil sie eben Eltern waren und nicht unsere besten Freundinnen. Zum anderen, weil wir schon ahnten, wie es sie in helle Aufregung versetzen würde, wüssten sie, dass man ein ganzes Wochenende allein im Bett damit verbracht hat, die Freude am Leben zu vermissen und dabei ungefähr 85-mal *Without You* von Harry Nilsson anzuhören. Wir waren – in meiner Generation zumindest – vorwiegend »anonyme Schwermütige« und hätten im Traum nicht daran gedacht, wie in manchen Selbsthilfegruppen üblich, aufzustehen und ausgerechnet vor den Erwachseneren zu bekennen: »Mein Name ist Constanze und ich habe gerade eine Woche durchgeheult, weil mein Freund mich wegen einer anderen verlassen hat!« Anders als kürzlich eine Praktikantin. Sie rief zwei Stunden nach dem offiziellen Dienstantritt in unserem Büro an, um mitzuteilen, dass sie sich nicht in der Lage sähe, zur Arbeit zu erscheinen. Ihr Freund habe sich von ihr getrennt. Das sagte sie auch am nächsten und übernächsten Tag. Am dritten teilten wir ihr auch etwas mit, und zwar, dass wir sie leider nicht weiter würden beschäftigen können. Ja, das war vielleicht hart. Aber: Was würde als Nächstes kommen? »Der Friseur hat meinen Pony total vergeigt. SO kann ich mich keinesfalls im Büro sehen lassen!« Oder: »Die Katze hat Magen-Darm!«

Trotzdem verstehe ich natürlich Hanne, die sich große Sorgen um ihren Sohn macht. Zumal, seit er sagt, er habe Depressionen. »Ich kann einfach nicht beurteilen, ob er mit ›Depression‹ dasselbe meint wie ich. Ob er nicht einfach nur eine der Knallerüberschriften für seine Gefühlslage gebraucht, die jetzt überall auf den Diagnosekrabbeltischen herumliegen und von denen man weiß, dass sich damit einige Achtungserfolge erzielen lassen. Schließlich merkt er sehr gut, wie betroffen uns das macht und wie wir viel mehr Rücksicht auf seine Befindlichkeiten nehmen, als wir es vermutlich tun würden, stünde nicht dieser schwarze Stern der Seelenheilkunde im Raum.« Ja, das hat Hanne schön gesagt. Schließlich ist sie auch Autorin. Vor allem aber ist sie eine liebende und verängstigte Mutter, die ihr Kind glücklich sehen will. Deshalb helfen die Eltern ihrem Sohn auch bei den Seminararbeiten. »Ich weiß, das sollte ich nicht. Aber ich sehe ja, wie er sich quält.« Alles ist besser, als den Sohn an etwas zu verlieren, das der Schriftsteller David Foster Wallace – zu Lebzeiten selbst ein bekennender Depressiver – so beschrieb: »Ein solipsistisches, selbstvernichtendes, bodenloses emotionales Vakuum, wie ein Schwamm, der das Ich aufsaugt.«[47] Die Wahrscheinlichkeit steigt jährlich. Denn depressive Störungen nehmen von Jahr zu Jahr zu und gehören laut des Bundesministeriums für Gesundheit mittlerweile »zu den häufigsten und hinsichtlich ihrer Schwere am meisten unterschätzten Erkrankungen«. Die WHO bezeichnet »Depressionen oder affektive Störungen« mittlerweile sogar als die weltweit zweithäufigste Volkskrankheit.[48]

SEELEN-WERKBANK

Eine meiner ältesten Freundinnen litt jahrelang an schweren Depressionen und ich hatte einen Mitschüler, der sich mit 18 Jahren das Leben nahm. Ich bin also auch aus Erfahrung weit entfernt davon, diese so schreckliche Krankheit zu verharmlosen oder sie mit Sätzen wie »Reiß dich halt mal zusammen!« behandeln zu wollen. Und natürlich geht es nicht darum, die so unguten alten Zeiten wiederaufleben zu lassen, in denen man sich einfach »nicht so anstellen« sollte und alles Unglück unter den Teppich gekehrt wurde, bis der so verbeult aussah wie eine Motocrossstrecke. Mir ergeht es ja wie den vermutlich meisten – ich habe einen mordsmäßigen Respekt vor der Diagnose. Sie lastet bleischwer auf den Betroffenen und verursacht damit auch eines ihrer Symptome: lähmende Ohnmachtsgefühle angesichts des »Sturms der Finsternis«, wie der amerikanische Schriftsteller William Styron (selbst ein Betroffener) in seiner Autobiografie dieses Leiden nennt.

Sagen wir so: Depressionen können einen ganz schön depressiv machen. Dieses Etikett katapultiert einen ja nicht bloß aus der Gemeinschaft der vermeintlich realitätstüchtigen, notorisch gut gelaunten Anpacker, sondern auch aus dem heimischen Seelen-Hobbykeller, in dem man an der Gemüts-Werkbank die ein oder andere Macke schon mal selbst repariert hat. Vielleicht nicht gerade professionell, aber nach der Devise »Nichts hält länger als das Provisorium« bisweilen doch mit einer erstaunlichen Halbwertzeit. Es aber nun möglicherweise amtlich zu haben, zu den krankhaft Schwermütigen zu gehören, fühlt sich dagegen sofort an, als solle man bloß mit einer Nagelfeile ausgestattet ein havarierendes Kernkraftwerk instand setzen. Aussichtslos. Statt den Blick auf die eigenen Ressourcen zu lenken, wird er auf die Defizite gerichtet. So verstärken sich die Hilflosigkeit, die Überforderung und werden zu typischen Symptomen, die wiederum die depressive Störung zu bestätigen scheinen. Dieses Krankheitsbild ist längst ein Sammelbecken für so ziemlich alle unguten Gefühle. Und damit eine Wachstumsbranche. Umso mehr, als schon Methoden im Gespräch waren, mit denen man etwa anhand von Instagram-Fotos eine entsprechende Diagnose per Algorithmus stellen können soll. Weil laut einer Studie der Universitäten Cambridge und Vermont depressive Menschen grauere und blauere Fotos posten. Kann also in einer nicht allzu fernen Zukunft sein, dass man Werbeproben von Johanniskraut zugeschickt bekommt oder zum Psychiater gebeten wird, bloß weil man ein paar Bilder vom verregneten Nordseeurlaub gepostet hat. Studien belegen zudem immer wieder, dass ein großer Teil der Depressionsdiagnosen schlicht falsch ist – inklusive der dazugehörigen Verordnungen. Und dann lässt sich auch darüber streiten, ob die 20 Prozent der Senioren, die hierzulande an Depressionen leiden sollen, nicht einfach aus sehr guten Gründen sehr unglücklich sind: wegen einer oft so enorm schlechten Betreuung, wegen der dramatischen Altersarmut in einem der reichsten Länder überhaupt und aus Einsamkeit.

Natürlich ist es einfacher, die Ursachen für das Unglück im Privaten zu suchen als in der Politik und mal eben ein Rezept auszustellen, als etwas an diesen trostlosen Umständen zu ändern. Dass mehr Trennschärfe zwischen einfach mal »schlecht drauf zu sein« und einer zweifellos schweren Erkrankung nötig ist, findet auch der Komiker Torsten Sträter, selbst ein bekennender Depressiver und Schirmherr der Deutschen Depressionsliga. Er schreibt, dass es ihn nicht mal störe, dass manche Leute Depressionen mit dem sogenannten »scheiße drauf sein« verwechseln – will das aber trotzdem geklärt wissen. Scheiße drauf sein »ist wie ein Tatort mit den Muppets: nicht das Gelbe vom Ei, geht aber vorbei. Depressionen hingegen sind wie alle drei Teile *Herr der Ringe* – in Zeitlupe. Mit Jean-Claude Van Damme als Gandalf. Und Musik von Andrea Berg.«[49]

Ist es also wirklich »typisch für meine Depression«, wie ein Twitter-User schreibt, wenn er fürchtet, dass sein Chef den von ihm anberaumten Gesprächstermin garantiert dazu nutzen wird, ihn zu entlassen? Oder bloß so ein Tatort-Muppet-Moment? Und falls ein Student sich tagelang in seiner Gamerwelt verliert und dafür seine Seminararbeiten bis auf die letzte Minute vor sich herschiebt, ist es dann gerechtfertigt, Therapiesitzungen anzuberaumen? Also schon mal vorsorglich, bevor er in dieser Slow-Motion-Horrorversion von *Herr der Ringe* eine Hauptrolle übernimmt? Oder ist er einfach nur undiszipliniert? Und wäre mit der Erfahrung, dass, wer nicht rechtzeitig abgibt, eben noch eine Studiumehrenrunde drehen muss, möglicherweise leicht zu kurieren? Und sollte die Freundin beim nächsten Treffen an der Bar in Tränen ausbrechen, weil ihr Mann ihr vor einer Woche mitgeteilt hat, dass er sie verlassen werde für die Frau, mit der er bereits seit einem Jahr ein Verhältnis habe ... Ist das dann noch normal? Oder schon ein Grund für die Verschreibung eines Psychopharmakons mit Nebenwirkungen wie Kopfschmerzen, Schlaflosigkeit, Diarrhö, Übelkeit, Müdigkeit? Häufig auch: Appetitlosigkeit, Gewichtsverlust, Nervosität, Angst, Ruhelosigkeit, schlechte Konzentrationsfähigkeit, angespanntes Gefühl, verminderter Sexualtrieb, Schlafstörungen, Schwindel, Geschmacksveränderungen. Stimmen da noch die Verhältnismäßigkeiten? Was passiert da mit uns, wenn aus allem gleich ein großes Drama gemacht wird? Gehören die belastenden Gefühle wirklich so radikal ausgemerzt, weil sie so etwas wie die Kakerlaken unter den Gemütslagen sind: total nutzlos und ziemlich scheußlich. Oder sind sie vielleicht manchmal doch nicht so übel, wie wir befürchten, und möglicherweise sogar zu IRGENDETWAS gut?

Fragen, die sich auch die Forschung längst gestellt hat. Sie wollte wissen, warum die Evolution nicht längst dafür gesorgt hat, dass diese gleichermaßen zermürbende, offenbar so nutzlose und zerstörerische Fehlschaltung ebenso Geschichte ist wie die Dinosaurier. Weshalb wir sie schon seit Adam und Eva mit uns herumschleppen und es sogar eine erbliche Disposition für Depressionen gibt. Wo wir doch seit Darwin wissen, dass es die Fittesten sind und eben nicht die Trostlosesten, die sich durchsetzen. Warum also neigt der Geist des Menschen so häufig zum Trübsinn, »ohne dass ihm das auf den ersten Blick Vorteile schafft«, fragt sich auch der Wissenschaftsjournalist Jonah Lehrer. Auf der Suche nach der Antwort fanden der amerikanische Psychiater J. Anderson Thomson und der Evolutionspsychologe Paul W. Andrews tatsächlich einen Sinn im ewigen Herumgrübeln über die Sinnlosigkeit des Lebens. Sie sehen darin eine Verarbeitungsstrategie, an deren Ende durchaus eine Lösung stehen könne. »Wenn es die Depression nicht gäbe, würden wir Lebenskrisen weniger gut meistern«, so die beiden Forscher. Sie räumen zwar ein, dass die Symptome durchaus außer Kontrolle geraten können. Sagen aber auch, dass das eigentliche Problem bei der Bewertung von Melancholie, Schwermut und Trübsinn die Gesellschaft sei: »Sie glaubt, eine Depression müsse unter allen Umständen vermieden und im Ernstfall medikamentös bekämpft werden. Wir haben vielleicht das gesellschaftliche Stigma beseitigt, das eine Depression umgibt. Stattdessen stigmatisieren wir jetzt schon die Traurigkeit.«[50]

Ja, die Freudlosigkeit ist ein weites Feld und gleichzeitig ein schmaler Grat. Schließlich gehören auch der Niedergeschlagenheit in unserer Gefühlswelt ein fester Platz und eine Aufgabe. Sie sagt uns, wie es um uns steht. Und außerdem: Ohne sie wäre das Leben ein einziges ödes Barbitraum(a)schloss. »Welchen Nutzen hätte ein Kompass, dessen Nadel bewegungslos auf Norden verharrt?«, fragt deshalb Daniel Gilbert, Psychologe an der Harvard University.[51] Und er baut seinen Vergleich noch weiter aus: Wie die Kompassnadel hin- und herschwingen muss, um nützlich zu sein, brauche auch der Mensch die ganze Klaviatur der Emotionen, damit er angemessen reagieren könne. Nachts allein durch eine finstere Gegend zu spazieren und dabei Glücksgefühle zu empfinden sei ja weder wünschens- noch empfehlenswert. Und nach einem heftigen Streit mit der besten Freundin Heiterkeit zu erwarten würde der Situation auch nicht ganz gerecht. Dauernd überglücklich zu sein hindere einen überdies daran, die ganze Tiefe des Lebens auszuloten und sie überhaupt zu verstehen. Denn Traurigkeit fördert die Analysefähigkeit und das Verständnis für komplexe Sachverhalte. Kurz: Ein Mensch mit Schwermut lässt sich nicht so einfach etwas vormachen, beobachtet und erinnert besser. Das bestätigt auch ein Versuch des Sozialpsychologen Joe Forgas von der University of New South Wales in Australien: In einem Supermarkt platzierte er neben der Kasse allerlei Schnickschnack. War das Wetter grau und regnerisch, ließ er über Lautsprecher langsame Stücke von Chopin oder auch mal ein Requiem spielen, um die elegische Stimmung zu verstärken. Schien draußen die Sonne, ertönte dagegen Bizets *Carmen* oder Musik von Gilbert and Sullivan. Anschließend fragte Forgas die Kunden, wie viele Gegenstände sie bemerkt hätten. Das Resultat war eindeutig: Traurig gestimmte Kunden hatten dreimal mehr Gegenstände registriert als die fröhlichen.[52]

Mit Freudlosigkeit sieht man also nicht nur schwarz, sondern auch klarer. Man ist fokussierter – möglicherweise produktiver. »Von den klassischen griechischen Tragödien über Shakespeare zu den Werken

Beethovens, Tschechows, Ibsens und den großartigen Romanen des 19. Jahrhunderts ist das Beschwören und Erkunden des Traurigseins lange geschätzt worden als aufschlussreich und kostbar.«[53] Nein, das soll keine Einladung werden, sich am untersten Level der Gefühlsskala sein Basiscamp einzurichten und bis zum bitteren Ende durchzuheulen. Aber wir sollten mal wieder versuchen, unser gesamtes emotionales Repertoire wortwörtlich »in Gebrauch« zu nehmen. Anstatt aus einem Puzzle mit tausend Teilen die schwarzen Steine herauszusortieren und zu denken, erst dann ergebe sich ein vollständiges, schönes Bild. Das ist, als würde man einem Stuhl ein Bein absägen, um ihn »ganz« zu machen, oder Picassos *Guernica* mit ein paar Disneyfiguren aufheitern, damit das Bild nicht so trostlos daherkommt. Forgas gibt genau das zu bedenken: »Nur zwei der sechs Basisemotionen des Menschen sind positiv: Glück und Überraschung. Dem stehen vier negative Emotionen gegenüber: Angst, Wut, Ekel und Trauer. Die gehören einfach zu uns.«[54] Auch weil sie sich ganz schön nützlich machen.

DER RUNDUM ERTRÄGLICHE DRECKSACK

Und dann muss man ja auch Rückschläge einstecken, Zurückweisungen aushalten können, um vorwärtszukommen. Das schafft man aber nicht, wenn man nicht mal zutiefst deprimiert sein darf, ohne gleich als krank zu gelten. Ohne Ursachenforschung zu betreiben, wie man es anders besser machen könnte. Denn nur das stärkt letztlich die Frustrationstoleranz. So wie es Muhammad Ali, der Boxer und Jahrhundertsportler, empfohlen hat. Er meinte einmal, er hasse jeden Trainingstag, aber er habe sich gesagt: »Gib nicht auf. Leide jetzt und lebe den Rest deines Lebens wie ein Champion.«[55] Ja, es gibt durchaus gute Gründe, ziemlich mies drauf zu sein. So wie die Klientinnen der Suchtklinik, in der eine Freundin als Therapeutin arbeitet. »Fast alle wurden als Kinder sexuell missbraucht und/oder haben Gewalterfahrung«, erzählt sie. Als ich erwiderte:»Dann würde ich auch trinken!«, antwortete sie:»Wie verrückt wäre das denn: Du bestrafst dich damit nur selbst für etwas, was du gar nicht zu verantworten hast. Das jemand anderes dir angetan hat.« Außerdem würde ja längst nicht jede, die so etwas Furchtbares erlebt, zur Suchtkranken. Es gäbe Frauen, die trotz allem nicht zur Flasche oder zu Tabletten greifen. Vielleicht, weil sie ähnlich fühlen wie die Frau, von der der amerikanische Psychiater J. Anderson Thomson erzählt. Er hatte besagter Klientin Antidepressiva gegen ihre Verstimmungen verschrieben. Nun kam sie erneut in seine Praxis und wollte, dass er die Dosis verringere.»Ich fragte sie, ob das Medikament wirke, und ich werde nie vergessen, was sie antwortete:›Doch, es wirkt großartig und ich fühle mich viel besser. Aber ich bin immer noch mit dem gleichen Drecksack von Alkoholiker verheiratet. Nur dass ich ihn jetzt ertrage.‹«[56]

Das Problem mit den Problemen ist ja vor allem: Wir verlernen, sie selbst zu lösen. Es verhält sich ein bisschen so wie in dem Witz vom Pastor: Der wandert eines Tages durchs Moor und versinkt bis zu den Knien im Sumpf. Da kommt zufällig die Feuerwehr vorbei.»Hochwürden, können wir helfen?«, rufen die Männer. Der Pastor antwortet:»Nein danke, der Herr ist mein Hirte, der Herr wird's schon richten.« Die Feuerwehr zieht von dannen, der Pastor versinkt weiter bis zu den Hüften. Kommt ein Polizeiwagen vorbei:»Hochwürden, wir möchten Ihnen helfen!«»Nein danke, der Herr ist mein Hirte, der Herr wird's schon richten«, so erneut seine Antwort. Die Polizei fährt davon. Der Pastor verstirbt. Im Himmel angekommen spricht er mit Gott:»Herr, warum hast du mir nicht geholfen und mich gerettet?«»Nun, mein Sohn«, antwortet Gott,»ich habe dir die Feuerwehr UND die Polizei geschickt …« Ja, wir könnten uns selbst helfen, ist ja alles da, was wir dafür brauchen: die beste Freundin und Grauburgunder, Geschäfte für das Trostshopping oder Grünanlagen, um sich den Frust aus dem Leib zu laufen. Das sollten wir uns endlich wieder zutrauen. Frei nach der Devise:»Krise? Die kann ich!«

Krisen— gewinne

»Die meisten Probleme entstehen bei ihrer Lösung.«

Leonardo da Vinci

ZITRONENLIMONADE? OHNE MICH!

Wir scheitern dauernd: an Schönheitsidealen, an Karriere- wie an
sportlichen Zielen, an uns selbst, wenn den Ambitionen wieder mal
die Trägheit im Wege steht, und daran, dass wir ja nicht allein die Regeln machen – in der Liebe wie überhaupt im Rest des Lebens. Das
war mal sehr traurig und ein Eins-a-Grund, mit einer XXL-Tüte Chips
und zwei Flaschen Rotwein auf dem Sofa in Selbstmitleid zu versinken. Ganz für sich allein. Nur um ein paar Tage oder auch Wochen
später mit einigen Extrapfunden und einem ziemlichen Brummschä-
del wieder aufzutauchen. Dann kam jemand mit offenbar zu viel Freizeit auf die Idee, dass man auch und gerade aus einer Krise noch viel
Schönes machen kann. Dass sie praktisch gar keine Krise ist, sondern
bloß eine »Herausforderung«, die es anzunehmen gilt. Und man außerdem ein super Unterhaltungsprogramm damit realisieren kann.
So kamen die *Fuckup Nights* von Mexiko über die USA nach Deutschland, mit denen eine Kultur des Scheiterns etabliert werden sollte.
Was heißt, es präsentieren meist Unternehmensgründer ihre Niederlagen vor Publikum. Man will das Scheitern aus seiner unseligen Beziehung mit der Scham befreien und zudem anderen ermöglichen,
aus Fehlern zu lernen, die sie selbst gar nicht erst zu machen brauchen – weil andere das ja schon für sie erledigt haben. Viele glauben,
dass das in Deutschland dringend nötig sei, da hier allein die Aussicht
auf einen Misserfolg viele davon abhalte, überhaupt eine Karriere anzustreben. Mit Blick auf das muntere, wahnsinnig teure und offenbar
völlig schambefreite Scheitern unseres Verkehrsministers an seinen
hochfliegenden Mautplänen darf die Richtigkeit dieser These durchaus bezweifelt werden. Überhaupt ist gerade die jüngere deutsche
Wirtschaftsgeschichte voller Beispiele, dass Scham nun nicht gerade
das Hauptproblem von Führungskräften ist. Sondern dass hierzulande *Fuckup Nights* während der laufenden Arbeitszeit und gegen Gehalt
stattfinden. Sonst würde nicht so munter und in unfasslichen Dimen-

sionen herumdilettiert (und so wenig Verantwortung übernommen) wie etwa jüngst beim Wirecard-Skandal, bei dem sämtliche staatliche Kontrollinstanzen offenbar versagten und mit ihnen jene, die dieses Ressort unter sich haben. Scheitern bringt einen so gesehen tatsächlich offenbar weiter beziehungsweise wirft einen jedenfalls nicht aus der eingeschlagenen Berufslaufbahn.

Trotzdem ist da nun dieses Gerücht in der Welt, dass auch und vor allem die Krise optimiert gehört, wir munter aus den Einschlaglöchern des Lebens herauskrabbeln und dabei noch ein großes Kästchen an wahren Erfahrungsschätzen hinter uns herziehen sollen, in dem all das drin ist, was einem Krisen bringen können: dass man jetzt weiß, wie es geht und alles für irgendwas gut ist. Aber längst nicht alle Zitronen, die einem das Leben serviert, taugen zur Limonade. Wenn das so wäre, müsste über kurz oder lang jede und jeder eine erfolgreiche Geschäftsfrau oder ein vielversprechender Geschäftsmann sein. Und man möchte auch nicht schon wieder das Leiden abgesprochen bekommen und die Fähigkeit, das auf seine eigene Weise zu erledigen. Es ist enorm anstrengend, dauernd noch das Positive zu sehen. Zumal wenn man einfach mal nur in sein Kissen heulen will. Und zwar aus total guten Gründen. Weil ich alt werde. Weil mir vielleicht noch 20 gute Sommer bleiben. Weil ich deshalb in letzter Zeit ständig das Gefühl habe, mich mit allem wahnsinnig beeilen zu müssen. Weil ich vermutlich doch keinen Marathon mehr laufen werde und mir unablässig etwas verloren geht: der Knorpel in meinen Knien, die Zähne oben rechts, die Sehkraft, die Lesebrillen, meine Mutter, die vor einigen Jahren starb. Und da soll man jetzt auch noch in all den dunklen Kammern seiner Seele Suchscheinwerfer aufstellen? Nur damit einem bloß kein Spurenelement an Krisengewinn entgeht? Die kleine Psychobastelstube, in der ich sonst noch den größten Frust irgendwie zum »inneren Wachstum« aufgehübscht hatte, sollte einfach mal geschlossen werden. Denn das wirklich Gute an Krisen ist ja, dass es endlich einmal nichts Gutes zu geben braucht! Dass man sie sich ohne weitere Verpflichtungen einfach mal gönnen kann – ohne sofort das Krönchen gerade zu rücken und sich den Frust aus dem Gemüt klopfen zu müssen.

Aber genau das wissen andere längst wesentlich besser. Krisen sind eben auch nur Probleme und wo ein Problem ist, ist immer sofort ein Troubleshooter zur Stelle. Keiner kann und will eine Krise mehr einfach so stehen und sie ihren natürlichen Lauf nehmen lassen. Alle wollen ihr ein frühzeitiges Ende bereiten. Fachgerecht, versteht sich. »Du, ich habe da einen wahnsinnig guten Coach!«, tönt es von allen Seiten. Oder: »Das Meditieren hat mir sehr geholfen. Ich gebe dir gern die Adresse von meinem Yogastudio.« Und wehe, man nimmt die großmütigen Angebote nicht an. Dann wird man gleich behandelt, als wollte man seine Krisenhausaufgaben nicht vorschriftsmäßig erledigen. Fast glaubt man, dass es mehr Lösungen als Krisen gibt. Aber das ist ein Irrtum. Schließlich vergeht kein Morgen, an dem man nicht die Augen aufschlägt und schon wieder eine neue Krise am Bett sitzen hat. Und so kommt man im turnusmäßigen Wechsel von der Beziehungskrise in die Sinnkrise, Motivationskrise, Überforderungskrise, Selbstoptimierungskrise, zur Jobkrise, der Midlife-Crisis und der Krise beim ersten Kind. Spätestens wenn es ein Geschwisterchen bekommt, rauscht es in die erste Krise, genauso aber wenn es allein bleibt (was natürlich unbedingt der Be- und Verarbeitung bedarf). Auch die Pubertät gestaltet sich als ein einziges Minenfeld für Eltern wie für Kinder. Und so geht es ununterbrochen weiter, bis weit über den »Pensionsblues« hinaus. Dabei haben wir noch nicht mal von Wirtschaftskrisen, der Corona-Krise und den weltweiten Krisengebieten gesprochen, die ihrerseits wiederum Existenzkrisen auslösen können. Alles ist Ausnahmezustand, bei dem es allein mit Augenrollen, Weinen, Selbstmitleid, den Mann anpampen oder einem ordentlichen Trostessen (2.000 Kalorien pro Mahlzeit mindestens!) nicht getan ist. Stattdessen folgt etwas, das man in der Psychologie als »Emotionsnorm« bezeichnet: Das heißt, es ist vorgegeben, welches Verhalten akzeptiert wird, welche Gefühle wir nun erleben sollten und was zu tun ist. Nach der Devise »Die Krise von heute ist das Gold von morgen« gehört es dabei längst wie Bügeln oder der Abwasch zu unseren alltäglichen Pflichten, wie weiland die Cowboys am Klondike River so lange im Schlamm zu wühlen, bis wir endlich doch etwas Glänzendes gefunden haben. Als wären Krisen einfach nur sehr, sehr große Glückskekse mit kleinen Zettelchen drin, auf denen Lektionen zu lesen sind wie: »Trübsinn kann keinen erreichen, der stetig nach Möglichkeiten sucht zu lächeln.« Oder: »Dein Leben besteht aus mehr als diesem Moment!«

Drei Dinge stören mich daran: Erstens scheint es gar nicht vorgesehen zu sein, dass da einfach nur steht: »Das ist jetzt aber wirklich einmal eine richtig große Scheiße!« Zweitens: Wo wäre die ganze Weltliteratur, hätte etwa Tolstoi *Sorge dich nicht – lebe!* gelesen, bevor er *Anna Karenina* schrieb? Und drittens: Gesetzt den Fall, die Plackerei im großen Krisenbergwerk wäre derart produktiv, dann könnten wir so viel daraus lernen, die Massen an Fachkräften wüssten so viel mehr darüber, wie wir gestärkt aus Krisen hervorgingen und in den zukünftigen die Fehler der Vergangenheit vermeiden – weshalb gibt es dann immer mehr und nicht weniger Krisen? Ich will auch einfach mal so umstandslos auf die Schnauze fallen können, ohne dass mir jemand mit Verwertungstipps wie »Mach was draus!« dazwischenquatscht. Ich möchte mich in meinen Ohnmachtsgefühlen und meiner Hilflosigkeit angesichts der Zumutungen des Lebens ergehen können. Und nein, ich schreibe jetzt nicht, wir müssten auch das endlich einmal trainieren und üben: dass sich eben nicht alles aus der Welt coachen lässt. Das ist nämlich eine Illusion – und zwar eine, die uns viel teurer kommt als das Wochenendcoaching für 1.200 Euro (ohne Verpflegung!). Es würde die Krise doch wieder nur zum Lehrauftrag im Fach »Optimierung« machen. Stattdessen gehe ich in den Supermarkt gegenüber, um meine Chips- und Rotweinvorräte aufzustocken. Und keine Sorge: Ich werde sehr bald schon wieder mein Leben toll finden. Bis dahin aber sollte man einfach auch mal ein Schild an die Tür seines Alltags hängen: »Wegen Krise bis auf Weiteres außer Betrieb! Sollten Sie gute Ratschläge dabeihaben, bitte beim Pförtner abgeben!« Das gilt auch und vor allem dann, wenn es einmal wirklich ernst wird. Wenn man also mehr zu beklagen hat als bloß gerade eines jener Tiefs, die im Lebenslieferumfang nun mal standardmäßig enthalten sind.

SINN DES SINNLOSEN

Ich habe keine Kinder. Hat einfach nicht geklappt. Es lag nicht an meinem Mann. Es lag nicht an mir. Es lag unter anderem an zwei Eileiterschwangerschaften. Der Zufall ist eben manchmal ein lausiger Eventmanager. Damit hätte ich mich abfinden können. Nicht aber mein Umfeld. In dem dafür richtigen Alter wurde ich ständig gefragt, warum wir eigentlich keine Kinder haben, um dann umstandslos mit todsicheren Tipps eingedeckt zu werden. Noch allenfalls entfernte Bekannte knieten sich – zumindest in Gedanken – so tief in meinen Unterleib wie sonst nur meine Gynäkologin. Ungefragt wurden mir von Frauen unter anderem »innere Blockaden« attestiert, eine sicher nicht sehr fruchtbarkeitsfördernde Anspannung angemahnt und dass ich mit einem damals ziemlich stressigen Job offenbar die falschen Prioritäten setze. Andere empfahlen »Panchakarma« (eine ayurvedische Reinigungskur), den Verzicht auf Meeresfisch, Meersalz, Obstsäfte oder Kräuter wie Mönchspfeffer. Ich hätte einen »1000 Methoden, mit denen du ganz sicher schwanger wirst!«-Ratgeber schreiben können, der am Ende zu dem Schluss gekommen wäre, dass es für Kinderlosigkeit eigentlich nur eine wirkliche Ursache gibt. Die, die mir später eine (seitdem ehemalige) Freundin einmal nannte: dass man es eben wohl nicht »richtig« gewollt hätte. Ja, so schnell kann das Schicksal arbeitslos werden, wenn es selbst in seinem Hauptbetätigungsfeld – rund ums Körperliche – nicht nur von ayurvedischen Tees und schamanischen Ritualen abgelöst wird (»Eine Frau kann nur schwanger werden, wenn sie mit dem Kind oder den Kindern einen Seelenvertrag hat«), sondern auch von der Überzeugung, dass es für alles ein Optimierungsangebot gibt. Und sollte das nicht fruchten, es sicherlich nicht an der Methode liegt, vielmehr an einem selbst.

Wie überhaupt in der Psyche jede Menge Einladungskarten für beispielsweise Krebs herumliegen. Vor allem Frauen als das »gefühligere« Geschlecht standen da immer auch im Fokus einschlägiger, hauptsächlich männlicher Interpretationsversuche. Schon 1926 setzte der Psychoanalytiker Georg Groddeck Krebs mit »nicht ausgelebter weiblicher Sexualität und versagter Mütterlichkeit in Beziehung«.[57] Später versuchte eine New Yorker Studie »›Krebspersönlichkeiten‹ auszumachen, die in der Kindheitsprägung von Weiblichkeit, Sexualität und Gefühl und deren Verdrängung begründet schienen«, so Birte Förster in ihrem Artikel *Angst und Hoffnung*, der am 9. März 2020 in der *Süddeutschen Zeitung* abgedruckt wurde. Das machte unter anderem auch die amerikanische Essayistin Susan Sontag sehr wütend, die mit 40 Jahren selbst an einem sehr aggressiven Krebs erkrankt war. Sie schrieb 1978 in ihrem berühmten Aufsatz *Krankheit als Metapher*: »Krebs gilt als eine Krankheit, zu der vor allem die seelisch Angeschlagenen neigen, diejenigen, die alles in sich hineinfressen und alles unterdrücken, vor allem Aggressionen und sexuelle Gefühle.«[58] Sie verwehrte sich entschieden dagegen, zu allem Schrecklichen, was der Krebs mit sich bringt, sich überdies noch die Schuld daran aufbürden lassen zu müssen, indem man ihn zum Ergebnis von nicht fachgerecht aufgearbeiteten Konflikten erklärte. Dieser schlichte Ursache-Wirkung-Mythos ist – auch dank Susan Sontag – längst entkräftet. Ebenso der Unfug, dass man den Krebs heilt, indem man seine Seele auf Vordermann bringt. »Wer gegen den Krebs ›kämpft‹, hat auch nicht bessere Aussichten als jene, die es so nehmen, wie es kommt«, fasst der Arzt und Wissenschaftsjournalist Werner Bartens die entsprechenden Erkenntnisse zusammen.[59]

Trotzdem geistert die Idee, der Krebs würde einen auf etwas Unerledigtes hinweisen, noch immer durch die Köpfe. Als wären diese, aber auch andere schwere Erkrankungen kleine Hausaufgaben. Natürlich nur gut gemeinte, weil sie ja – das gehört ebenfalls ins Konzept – immer auch inneres Wachstum versprechen. Der Kranke hat also am Ende etwas davon, und falls nicht, ist er eben seinen Pflichten nicht nachgekommen. Wie zum Beispiel: Den Sinn im Sinnlosen zu erkennen. Oder: Sich um eine positive und optimistische Sicht auf seine Krankheit zu bemühen. Jeder ist in diesem Kosmos selbst seiner Krankheit Verursacher und seiner Heilung Schmied. Eine unfasslich empörende und enorm belastende Zumutung für die Betroffenen. Die nicht nur furchtbar krank sind und sich teilweise massiven Therapien unterziehen müssen, sondern darüber hinaus noch für die Ohnmachtsbekämpfung ihres Umfeldes herhalten sollen. Es erspart einem ja das Mitgefühl, wenn der Betroffene vermeintlich selbst für seine Erkrankung verantwortlich ist und auch noch etwas davon hat, weil er sich in einer Art seelischer Veredelungsprozess befindet. »Victim Blaming« nennt sich das. Eine sehr perfide Form von Grausamkeit, wie sie sich etwa in einem Interview der *Bunte* mit der Sängerin Marlène Charell ausdrückt, die ihren krebskranken Mann pflegte. Da lautet die Frage: »Ganzheitlich denkende Ärzte sind der Meinung, dass der Krebs zum großen Teil seelisch bedingt ist. Haben Sie sich mal Gedanken darüber gemacht, woher das bei Ihrem Mann kommen könnte?«[60] Tja, auf welche Gedanken genau soll man da kommen? Als Ehefrau? Dass man den Erkrankten vielleicht nicht glücklich genug gemacht hat? Also eigentlich nicht pflegt, sondern Schuld abarbeitet?

»Für mich war das der zweite Albtraum«, erzählt meine Kollegin Marianne von ihrer Erfahrung mit dem Phänomen. Sie war vor einiger Zeit an Brustkrebs erkrankt und musste sich einiges anhören. »Dauernd diese gut gemeinten Aufforderungen, ich müsse ›kämpfen‹. Als ob man das als Betroffene nicht ohnehin täglich tut. Jede Stunde, jede Minute – und zwar einfach nur darum, irgendwie den Kopf oben

147

zu behalten. Ich dachte, wenn ich das jetzt nicht überlebe, wird die unausgesprochene Unterzeile auf meinem Grabstein lauten: ›Sie hätte es schaffen können, aber anscheinend wollte sie das wohl nicht.‹« Und führt weiter aus, wie sie von Freundinnen aufgefordert wurde, den »Brustkrebs zu umarmen«. Wie andere ihr von »Wunderheilungen« erzählten, die sich einem bestimmten Tee oder einer speziellen Diät verdankten. Oder behauptet haben, dass sich im Tumor ihre Überforderung als alleinerziehende Mutter ausdrücke. »Brustkrebs wegen eines miesen Zeitmanagements! Das sollten sich die Businesscoaches mal auf ihre Fahnen schreiben: ›SO kann man Leben retten – mit einem manierlichen Timetable!‹« Und dann die Sorge, dass man vielleicht wirklich einen wesentlichen Tipp nicht beherzigt haben könnte oder den Krebs völlig falsch verstanden hat. Nämlich bloß als »pain in the ass« und nicht als Lehrauftrag.

Deshalb hier noch mal für alle, die gerade wieder im Begriff sind, einen exzellenten Ratschlag abzusetzen: Eine Studie des Biostatistikers Cristian Tomasetti und des Krebsbiologen Bert Vogelstein mit den Daten aus den Krebsregistern von 69 verschiedenen Ländern belegt, dass zwei Drittel der Mutationen in 32 untersuchten Krebsarten schlicht durch Zufall entstehen und nicht, weil man seine Seelenhausaufgaben nicht gemacht oder gar den Optimismus im Leben geschwänzt hätte. »Dann ist das Pech«, sagt Bert Vogelstein und nicht mal ein »nahezu perfektes Leben« könne etwas daran ändern. Natürlich ist ein gesunder Lebensstil nicht ganz nutzlos. Denn immerhin, so die beiden Forscher, wären 30 bis 40 Prozent aller Tumore vermeidbar, etwa durch Verzicht auf das Rauchen. Dennoch entstehen laut Berechnungen Tomasettis »77 Prozent der kritischen Mutationen, die zu Bauchspeicheldrüsenkrebs führen können, durch Zufall bei der Zellteilung, 18 Prozent durch Umwelteinflüsse und fünf Prozent sind vererbt«. Bei Tumoren, die sich in der Prostata und im Gehirn befinden, beträgt die Zufallsquote ganze »95 Prozent, bei Lungenkrebs hingegen nur (…) 35 Prozent«.[61] Die beiden Forscher wollten mit ihrer

Studie auch etwas zur Entlastung der Betroffenen und ihrer Angehörigen beitragen, um ihnen wenigstens die Selbstvorwürfe zu ersparen. In den USA gibt es mittlerweile Karten, die genau das Dilemma thematisieren. Darauf steht etwa:»Bitte lass mich die Erste sein, die demjenigen eine knallt, der dir sagt, dass das alles aus einem bestimmten Grund passiert!« Oder:»Ich will, dass du weißt, dass ich niemals versuchen werde, dir irgendeine beliebige Behandlung zu empfehlen, von der ich im Internet gelesen habe!« Oder:»Ich verspreche hiermit, dass ich deine Krankheit niemals als eine ›Reise‹ bezeichnen werde.« Dabei ist Krebs ja nur der hässliche Gipfel eines breiten Stroms an Überzeugungen, die davon ausgehen, wenn man A unterlässt, man ganz sicher nicht mit B – also Krankheiten oder gar Alterserscheinungen – behelligt wird. Auch eine Facebook-Freundin ist der Meinung, man könnte etwa Corona mit den richtigen Lebensmitteln bekämpfen. Was im Umkehrschluss heißt: Wer daran trotzdem schwer erkrankt, hat eben nicht das Richtige gegessen. Es mag ein tröstlicher Gedanke sein, seine Gesundheit, also im Prinzip sein ganzes Leben, regulieren zu können – mit veganer Kost beispielsweise. Als könne man mit Sojamilch und Quinoa unsterblich werden. Eine »Machbarkeitsillusion«, die die Verantwortung für unser Wohl und Wehe scheinbar in unsere Hände legt. Mit denen greifen wir dann pronto zum Portemonnaie, um das derart Überlebenswichtige zu beschaffen. Je nach Interessens- und Glaubenslage die Nahrungsergänzungsmittel, die Joggingschuhe, das Pendel, den grünen Tee, die Ayurvedakur. Dabei geraten ein paar wichtige und tatsächlich ernst zu nehmende Krankheitserreger völlig aus dem Blick: Armut etwa. Studien belegen, dass die einem auch enorm das Leben verkürzt. Ebenso wie Feinstaub. Er soll laut der Europäischen Umweltagentur EEA 2019 insgesamt immerhin 412.000 vorzeitige Todesfälle in 41 europäischen Ländern verursacht haben. Statt also in Chiasamen zu investieren, wäre es deutlich effektiver, sich für eine gerechtere Gesellschaft zu engagieren und die Autohersteller zu boykottieren, die sich immer noch weigern, Diesel mit Abgasreinigungssystemen nachzurüsten oder den Flugverkehr deutlich zu reduzieren.

Aber »Gesundheit ist zu einer Methode geworden, mit der wir versuchen, Verhalten zu regulieren und neue Vorstellungen von verantwortlichem oder unverantwortlichem Handeln, von Gut und Schlecht zu entwickeln«, glaubt der britische Soziologe Frank Furedi.[62] Gesundheit ist außerdem eine Methode, sich leidlich erfolgreich einbilden zu können, man hätte alles unter Kontrolle. Man brauche also bloß nicht zu rauchen und wäre raus aus der Liste potenzieller Lungenkrebspatienten. Man müsse nur die 10.000 Schritte täglich gehen, die als Eintrittskarte für ein langes Leben gelten, und schon kann man jetzt getrost einen sehr langen Tisch für den 100. Geburtstag reservieren. Man sorgt demnach gut für sich und darf außerdem davon ausgehen, dass das andere genauso gut können. Heute würde man Marie Antoinette mit Blick aufs Prekariat nicht mehr in den Mund legen »Wenn sie kein Brot haben, sollen sie doch Kuchen essen!«, sondern: »Wenn sie gesund 90 Jahre alt werden wollen, dann sollen sie doch Veganer werden!« Oder: »Wenn sie keinen Krebs bekommen wollen, sollen sie doch ihre Kindheitstraumata aufarbeiten und Aprikosenkerne essen.« Gerade Ernährung – als tragende Säule des Lifestyle – hat ja mittlerweile fast religiöse Züge angenommen und durchaus Erlöserqualitäten. Erfreulicher Nebeneffekt: Übernehme ich dadurch Verantwortung für mich, kann ich mich gleichzeitig der Verantwortung für andere entledigen. Man könnte auch sagen, wir haben es mit einer Art modernem Ablasshandel zu tun. Im Sinne von »Ich kümmere mich um meinen Scheiß, dann brauche ich mich mit deinem nicht auch noch zu belasten«. Was nicht heißt, man dürfte andere nicht daran erinnern, dass sie sich um ihren Scheiß offenbar nicht gekümmert haben und mit dieser Unterlassung nun obendrein unser aller Gesundheitssystem belasten. Wie entsetzlich solche Denkmuster sind, stellt man spätestens in dem Augenblick fest, in dem man selbst oder einer der Lieben eine schlimme Diagnose erhält. Dann ist es ganz egal, wie viel man davor schon vermeintlich »richtig« gemacht hat. Irgendetwas bleibt ja immer offen. Es ist schier unmöglich, all das zu berücksichtigen und in einem einzigen Leben unterzubringen, was die jeweiligen Selbstoptimierungsschulen als unverzichtbar anpreisen. Allein schon bei der Ernährung wird es widersprüchlich. Es gibt die Religionsgemeinschaften der Veganer, Vegetarier, Flexitarier, Frutarier – und die sind in sich auch noch mal aufgespalten. Beim Sport ist es ähnlich, und bezieht man dann noch die verschiedenen esoterischen Strömungen mit ein, ist es praktisch aussichtslos, einen Landeplatz auf der garantiert sicheren Seite zu finden. Deshalb schreibt man sich am besten jetzt schon eine Karte: »Wenn das Schicksal mir etwas zu sagen hat, dann soll es mir eine Whatsapp-Nachricht schreiben. Botschaften in Form von Krebserkrankungen, Corona oder Kinderlosigkeit können leider nicht angenommen werden. Wer etwas anderes behauptet, dem muss ich leider eine knallen!«

Mimimi — eine Pandemie

»In Krisenzeiten suchen Intelligente nach Lösungen.
Idioten suchen nach Schuldigen.«

unbekannt

TAUBEN AUF BATTERIEBETRIEB

»Angst ist kein guter Ratgeber«, stand da geschrieben. Und weiter: »Sie nimmt sogar die Lebensfreude. Sterben müssen wir alle. Nur dass es uns jetzt wieder einmal bewusst wird.« Das fand ich nicht in einem Glückskeks. Das teilte mir Ina, eine Facebook-Freundin, in ebenjenem Social-Media-Portal mit, nachdem ich mich schriftlich darüber geärgert hatte, dass ich mitten in wieder steigenden Covid-19-Fallzahlen immer häufiger mit Menschen im Bus saß, die nicht mal mehr eine Maske pro forma irgendwo im Gesicht hatten. Nicht mal am Kinn oder am Ohr baumelnd oder in der Hand. Ina empfahl mir als effektive Corona-Gegenmaßnahmen außerdem »Vitamin D, Zink, Meerrettich, Zistrose, Selleriesaft«. Ich schrieb nicht zurück, wie erstaunlich es doch ist, dass weltweit die brillantesten Wissenschaftler seit Monaten hart daran arbeiten, ein Mittel gegen das Virus zu finden, wo doch die Lösung in einem rheinland-pfälzischen Kaff bei einer Waldpädagogin praktisch vor der Tür zu finden wäre. Aber ich antwortete ihr, dass Corona einem Bekannten nicht nur die Lebensfreude, sondern gleich das ganze Leben genommen habe und wie ich es »maximal asozial« fände, anderer Leute Leben aufs Spiel zu setzen. Obwohl man das doch mit vergleichsweise geringem Aufwand verhindern könnte. Es ist ja nicht so, dass man einen Arm oder auch nur einen Finger opfern müsste, um andere zu schützen und damit letztlich sich selbst. Man braucht nur Abstand zu halten und eine Mund-Nase-Schutzmaske zu tragen. Leben retten für Anfänger sozusagen. Aber da war nichts zu wollen. Ina meinte, man würde ja schon sehen, ob das überhaupt stimmen würde mit der Ansteckungsgefahr. Also spätestens nach der »Freiheitsdemo« am 1. August 2020 in Berlin. Wo sie dann auch alle waren, die wie Ina einfach nicht an die Gefährlichkeit einer Pandemie glauben und deshalb keine Masken trugen. Als könne man etwa per Volksentscheid darüber bestimmen, ob es Schwerkraft gibt oder Gravität oder einen Sonnenaufgang oder eben Corona.

Trotzdem hat Ina recht behalten. Das wusste ich schon ab Tag eins der Demo. Die Fallzahlen sind damals tatsächlich nicht so hoch gegangen, wie sie laut der Fachkräfte der Bundesoberbehörde des Robert Koch-Instituts und allen anderen, die wirklich etwas davon verstehen, hätten ansteigen müssen. Ganz einfach, weil Ina und ihre Schwestern und Brüder im Geiste vorgesorgt hatten. Leider nicht mit Masken und Social Distancing, sondern mit einer Rechenschwäche. Statt der 17.000 bis 20.000 Teilnehmer, die tatsächlich in Berlin demonstrierten, sprechen sie von mindestens 1,3 Millionen Menschen, die nach Selbstauskunft angeblich »für Freiheit, Demokratie und Wahrheit – gegen Unverhältnismäßigkeit, Lügen, Lobbyismus und Impfwahn« auf die Straße gegangen seien, um »Das Ende der Pandemie – Tag der Freiheit« zu verkünden. Im Internet wurde sogar ein angeblicher Tweet der Berliner Polizei per Screenshot verbreitet, der da lautet: »Auf der ›Tag der Freiheit‹-Demonstration können wir zurzeit mindestens 3,5 Millionen Teilnehmer bestätigen.« Das stimmt nicht, sagt hingegen die Polizei. In den Tagen nach der Demo werden außerdem mehrere Medien ernsthafte und selbst für ein Kind nachvollziehbare Berechnungen anstellen, die zweifelsfrei nachweisen, dass natürlich nicht 1,3 Millionen und schon gar nicht 3,5 Millionen Menschen demonstriert haben.

Man könnte sehr erleichtert darüber sein, dass offenbar doch nicht so viele davon überzeugt sind, es handle sich bei Corona um eine Verschwörung der Pharmaindustrie und der Wallstreet unter der Regie von Bill Gates. Und sich die Zahl der sogenannten QAnon-Anhänger anscheinend in überschaubaren Grenzen hält. Der Begriff »QAnon« geht auf einen Unbekannten zurück, der sich »Q« nennt und seit 2017 seine abstrusen Botschaften in das WWW einspeist. Seine Anhänger glauben an »eine Verschwörung von fast unbeschreiblicher Verworrenheit«, so die beiden amerikanischen Politologen Russell Muirhead und Nancy Rosenblum.[63] Also nicht etwa daran, dass ein hochansteckendes Virus weltweit Menschen schwer erkranken und viele sterben lässt. Nein, sie halten es stattdessen durchaus für möglich, dass die USA von einer Schattenregierung gelenkt wird, man weltweit Abertausende entführte Kinder in unterirdischen Bunkern festhält und foltert, um aus ihrem Blut Adrenochrom zu gewinnen – als Droge und Verjüngungsmittel für die globale Elite. Solchermaßen gestärkt würden hochrangige Vertreter von Politik und Wirtschaft – darunter beispielsweise Hillary Clinton, Barack Obama und George Soros, die noch dazu allesamt Satanisten wären – einen Staatsstreich planen, um die USA zu guter Letzt in eine Diktatur zu verwandeln. Dann gibt es noch jene, die die Sache mit den Kindern eher skeptisch sehen, aber durchaus bereit sind zu glauben, dass Corona nur erfunden wurde, damit die Pharmalobby und/oder Bill Gates (der tatsächlich entsprechende Forschungen unterstützt) Impfstoffe unter die Weltbevölkerung bringen können.

Warum? Dazu kursieren wieder zahlreiche unterschiedliche Meinungen im Netz: Einfach, um noch reicher zu werden oder auch, um zum Beispiel den Menschen via Zwangsimpfung Mikrochips zu implantieren, um sie auf diese Weise besser kontrollieren zu können. »Wahnsysteme bringen Sicherheit und Orientierung. Nun leidet man nicht mehr an sich selbst, sondern an einer Welt, die sich gegen einen verschworen hat«, erklärt der klinische Psychologe Martin Altmeyer dieses Phänomen.[64] Dass nun also angeblich 3,5 Millionen Menschen in Berlin demonstrierten, während sämtliche offizielle Stellen nicht mal ein Prozent gesehen haben wollen, ist so gesehen ja bloß eine Verschwörungs-Fingerübung für Anfänger. Hat aber natürlich den großartigen Effekt, dass Ina recht behalten halt: Selbst wenn die Infektionsraten in Berlin gestiegen sind, dann immer noch in einem durchaus überschaubaren Rahmen – jedenfalls gemessen an einer Million Teilnehmer.

Ich schreibe Ina: »Wenn Hygieneregeln freiheitsberaubend sein sollen, dann sind es Tempo-30-Zonen vor Grundschulen auch.« Sie antwortet: »Glaubst du, dass die Impfung alles gutmacht?«

ALLES MUSS RAUS

So denkt man sich eben die Welt, wie sie einem gefällt. Auch weil die Alternativen offenbar unerträglich sind: zu akzeptieren, dass wir eben doch nicht alles in der Hand haben und darum nicht alles zum Besseren wenden können. Dass ständig Dinge passieren, die sich außerhalb unseres Einflussbereiches ereignen und man einfach aushalten muss. Angefangen beim Wetter über Veränderungen auf dem Arbeitsmarkt bis hin zu Krankheiten. Corona ist in diesem Kosmos die undenkbar größte Zumutung. Nicht nur, weil das Virus tötet, weil es uns vorschreiben will, wie wir miteinander umzugehen haben, weil es ganze Schuljahre verschwinden lässt, weil es Arbeitsplätze vernichtet und Ehen. Es ist vor allem ein Spitzenwert des Unberechenbaren. Und wir waren darauf denkbar schlecht vorbereitet. Wir hatten ja nicht bloß zu wenig Toilettenpapier, Nudeln, Mehl und Alkohol daheim, sondern auch viel zu wenig Frustrationstoleranz vorrätig. Die konnte man anderen nicht mal aus dem Einkaufswagen klauen – so wie das Desinfektionsmittel, das einer Freundin von einer Frau in der Hochphase des Lockdowns entwendet wurde. Corona war etwas, das sich nicht einfach wegcoachen, -therapieren oder -atmen ließ. Und bei dem – zumindest in den ersten Monaten – weder die Experten noch die Politiker genau wussten, mit wem oder was wir es da zu tun haben. Das Virus kassierte nicht nur unsere Überzeugung, dass es immer eine Lösung geben MUSS, es schuf auch seine eigenen Prioritäten: gesund bleiben, niemanden anstecken, nicht die Nerven verlieren. Das waren und sind wir nicht gewohnt. Damit leben zu müssen, dass es nicht nur kompliziert ist, sondern auch bleibt. Dass nicht andere die Verantwortung übernehmen und sofort wissen, wie wir handeln sollen, damit es genauso weitergeht wie bislang. Wir saßen nun alle daheim, jeder hatte sein Päckchen an Homeoffice und Kinderbetreuung, an Existenzängsten und Sorgen um die älteren Angehörigen zu tragen. Alles außer Corona und seine Folgen wurde ziemlich unwichtig. Man selbst wurde unwichtig. Einfach ein kleines Sandkorn mit Mund-Nase-Schutzmaske. Fast wünschte man sich seine Sorgen von vor der Pandemie zurück. Stattdessen erfuhren wir einmal mehr, dass es mehr Fragen als Antworten gibt. Ein Missverhältnis, das offenbar so schwer zu ertragen ist, dass man lieber ein paar Antworten erfindet. Dann soll man sich auch noch einschränken, verzichten und für andere da sein, um der Pandemie die Stirn zu bieten. Das passt so gar nicht zu dem, was man uns mit der Unverdrossenheit von Shoppingkanälen als einzig wahren Pfad der Lebensverbesserung in den letzten Jahren gepredigt hat: »Kümmere dich um dich selbst!«, »Sorge dafür, dass es dir gut geht«. Kein Wunder, wenn die Botschaft in ostentative Maskenverweigerung, Corona-Leugnung und wütende Verschwörungstheorien umgewandelt wurde. »Die Enttäuschten und Vergrämten« sind wahrhaftig »die Unverschämten«, wusste schon Bertolt Brecht.[65] Deshalb beklagt sich während des Shutdowns eine Frau vor laufender Kamera ernsthaft darüber, dass sie nun nicht mehr ins Nagelstudio könne, während gleichzeitig Tausende Mediziner, Kranken- und Altenpfleger in dicken Schichten von Schutzkleidung unter Einsatz ihres Lebens in Kliniken schufteten, um an Corona Erkrankte zu retten. Im Supermarkt sage ich einem Mann – freundlich –, er möge bitte seine Maske über den Mund UND die Nase ziehen. Er antwortet mir, er könne eben nicht durch die Maske atmen und finde es unverschämt, von ihm zu erwarten, er müsse sie trotzdem tragen. Würde mich ja sowieso nichts angehen. Ich erwidere, dass ich Asthma habe und wie man auch mit Maske ausreichend mit Sauerstoff versorgt wird – was zudem medizinisch einwandfrei nachgewiesen wurde. Ich erinnere ihn daran, dass er ja nur für höchstens eine halbe Stunde damit im Supermarkt unterwegs zu sein brauche, während etwa die Beschäftigten hier den ganzen Tag damit herumliefen. Er antwortet, ich sei eine frustrierte Alte und solle ihn gefälligst in Frieden lassen. Man könnte auch sagen: Corona ist eine Schnecke gegen die Rasanz, mit der sich im Zuge des Virus das Mimimi gerade auch als Pandemie erweist.

EIN JAMMERLAPPEN KOMMT SELTEN ALLEIN

Klar, das kann man Corona nicht auch noch in die Schuhe schieben (falls Viren so etwas überhaupt haben): dass es uns erst zu Jammerlappen gemacht hat. Das sind wir schon qua Geburt. Schließlich ist unser erster Laut eine Unmutsäußerung – der Schrei, mit dem wir unsere Ankunft in der Welt verkünden. Und auch, dass es vorher im Mutterleib sehr viel schöner war und derjenige ja wohl mit dem Klammerbeutel gepudert sein muss, der diesen perfekten Zustand unbedingt beenden wollte. Später kommt dann das Gejaule dazu, weil ja sonst nie bemerkt würde, wenn die Windeln voll sind. Oder das Essen nicht schmeckt. Oder Tante Frieda wirklich beängstigend aussieht, sobald sie ihren riesigen Kopf in den Kinderwagen steckt. Oder es deutlich zu früh ist, um ins Bett zu gehen, und außerdem ALLE Klassenkameraden in der ersten Grundschulklasse ein Smartphone besitzen – bloß man selbst nicht. Dann merken wir, wie immer der die meiste Aufmerksamkeit (und ein neues Schäufelchen) erhält, der auf dem Spielplatz lieber gleich den sterbenden Schwan gibt, weil ein anderes Kind das schönere Spielzeug hat und eben nicht der tapfere Milchzähnezusammenbeißer. Spätestens in der Pubertät wissen wir endgültig: Jammern bringt Menschen zuverlässiger zusammen als Parship.

Das sogenannte »Solidaritätsjammern«, wie etwa über das Wetter oder aktuell über die Beschränkungen durch Corona, schafft ja eine Nähe, die man mit überbordendem Optimismus nur schwerlich herstellen kann. Zu »Ist das nicht ein herrlicher Tag!« fällt den meisten nämlich nicht viel und zunehmend weniger ein. Dafür aber umso mehr zum eigenen Elend: Die Montage sind scheiße, weil man dann noch die ganze Arbeitswoche vor sich hat, und der Job sowie Chefs sind überhaupt die Pest in Tüten. Typische Jammerthemen sind jene, von denen man glaubt, ohnehin nichts an ihnen ändern zu können (oder nichts ändern zu wollen) – und natürlich solche, die einen selbst betreffen. Und das wiederum gleich massenhaft. Auch, um diese stille Übereinkunft nicht zu gefährden, die im Grunde wie eine Art zwischenmenschlicher Schnellbeton funktioniert: Das eigene Leben ist eines der schwersten. Man braucht ja bloß mal in der Arztpraxis über die lange Wartezeit zu klagen und darüber, dass man mit seinen Rückenschmerzen bislang nur an Dilettanten geraten sei, schon hat man einen Draht zu seinem Gegenüber (wartet bereits eine halbe Stunde länger, hat ein ungeklärtes Ziehen oben rechts). Beruhigend ist es auch. Wer jammert, tut ja im Prinzip nichts anderes, als Ausreden dafür zu erfinden, warum alles so bleibt, wie es ist. Und es ist durchaus bequem, stets den Weg des geringsten Widerstands zu bevorzugen – nämlich den, sich von der Verantwortung für das eigene Befinden freizusprechen. Man könnte beispielsweise aufstehen und der Sprechstundenhilfe sagen, dass man einen Termin hat und – solange hier nicht gerade eine Notoperation stattfindet – doch Wert darauf legt, dass der auch eingehalten wird. Man könnte auch Verständnis aufbringen, weil im Moment wirklich viel in den Arztpraxen los ist. Man könnte die Pause aber genauso gut nutzen und etwas lesen. Auf keinen Fall müsste man mit diesem galligen Zug um den Mund dasitzen und in den trüben Wassern des Selbstmitleids baden. Aber man will es ja so und nicht anders. Im allgemeinen Herumjammern ist kein Funken Veränderungswille enthalten. Denn das soll doch bitte schön jemand anderes für einen erledigen. Höhere Mächte, die Politik, der Chef, der Partner, irgendjemand – bloß nicht man selbst. Jammern, das schreibt auch der Autor Andreas Bernard im Magazin der *Süddeutschen Zeitung*, ist das »Begleitrauschen der bestehenden Verhältnisse«, »ein Mantra der Passivität«. Und man würde dies immer dort merken, wo die Jammernden etwas verändern könnten – es aber tunlichst unterlassen. Wie die Freundin, die Chefin werden und all das hätte ändern können, worunter sie in der Beratungsstelle, in der sie arbeitet, so litt. Wollte sie aber nicht. Oder die Kollegin, die seit Jahren klagt, dass die Ehe mit ihrem Mann der größte Fehler ihres Lebens sei. Sie könnte ihn korrigieren. Aber dann wäre ja das Jammerthema und damit offenbar auch ein großer Halt in ihrem Leben weg.

Dass wir so gern über unsere Probleme lamentieren, aber wenig Initiative zeigen, sie im Alleingang zu lösen, stehe, so Andreas Bernard, womöglich in einem direkten Zusammenhang mit dem Siegeszug der Psychoanalyse und der Psychologie im frühen 20. Jahrhundert. »Die bahnbrechende Handlung Freuds war es ja, dass er seine Patienten dazu ermuntert hat, über ihr Befinden zu reden, noch die beiläufigsten Regungen und Störungen des Seelenlebens auszusprechen.«[66] Eine Botschaft, die vor allem bei Frauen sehr früh ankommt: So hat eine Studie mit knapp 2.000 Kindern ergeben, dass sich Mädchen gern intensiv über ihre Sorgen und Probleme austauschen. Während Jungs so tun, als hätten sie weder das eine noch das andere – und auch dazu angehalten werden, sich gegen Schwächen als vollimprägniert darzustellen. Weil es aber Mädchen großteils um das Sprechen über Schwierigkeiten geht, sind sie weniger an Lösungen interessiert als daran, darüber Nähe herzustellen. Jammern wird wahrgenommen als eine Art Morgengabe und Währung, die Gemeinsamkeiten schafft, Gesprächsstoff bietet und Aufmerksamkeit garantiert. Natürlich jammern auch Männer. Aber irgendwie statusbewusster. Etwa darüber, dass Angela Merkel keine Ahnung hat und Klaus-Dieter das Problem mit der Pandemie sehr viel besser lösen würde als der Virologe Christian Drosten. Oder dass Martin den Abteilungsleiterposten nur deshalb bekommen hat, weil er dem Chef »hinten und vorne reingekrochen ist«, was selbstverständlich weit unter dem Niveau von Klaus-Dieter liegt, der das Tennismatch auch bloß deshalb versemmelt hat, weil die Sonne so ungünstig stand (was natürlich total unfair war). Aber niemals, wirklich niemals würde Klaus-Dieter darüber sprechen, welche Probleme er in letzter Zeit beim Sex hat, wie es ihm zu schaffen macht, dass sein Vater ihn nie wirklich liebte – schon gar nicht mit einem Fremden. Frauen dagegen haben da keinerlei Hemmungen.

Jede von uns hat sicher bereits mal eine Essenseinladung oder auch Zugfahrten neben einer Sitznachbarin verbracht, die bereits nach fünf Minuten Bekanntschaft die dicksten Jammertrümpfe ausspielte: die Eileiterschwangerschaft, den untreuen Mann, die demente Mutter, die unglückliche Kindheit mit einem herrischen Vater. Das Ganze gibt es längst in der medialen Variante: Wenn etwa die Semiprominenz im *Dschungelcamp* oder bei *Big Brother* vor laufender Kamera der Nation ihr Elend ausbreitet über die Alkoholsucht, den gewalttätigen Partner, die Essstörung, die – unverschuldete – Pleite, den Tod der Großmutter, die missglückte Brustvergrößerung und die unfairen Zuschauer. Aus der nicht ganz falschen Erwartung heraus, dass, wer das größte »Ach« sät, auch die meiste Anteilnahme erntet und sich damit schon mal vorsorglich ein paar mildernde Umstände sichert. »Es gibt nichts Gutes, außer: Man tut es«, hat Erich Kästner einmal gesagt.[67] Das Gute am Jammern ist genau das Gegenteil: Man glaubt, gar nichts tun zu müssen – stattdessen tut das Jammern etwas mit uns.

SO ISSES

Ausgerechnet das Jammern hat das Zeug zum ganz großen Jammer. Es sind nämlich ziemlich leere Kalorien, mit denen wir da unsere Seelen füttern wollen. Man könnte es auch die Transfette der Emotionen nennen. Solche, die einem das Herz nicht leicht, sondern nur noch schwerer machen und zu mentalen Lähmungserscheinungen führen. Studien haben gezeigt, dass Jammern einem den allenfalls grauen Horizont noch tiefschwarz malt und zu einer grundsätzlich pessimistischeren Weltsicht führt. Und entgegen der Hoffnung, sich damit zu entlasten, ist es einer der größten Stressoren überhaupt. Zu diesem Ergebnis waren schon vor einigen Jahren Psychologen der Oklahoma State University gekommen. Jammern ist außerdem ansteckend. Verbringt man also viel Zeit mit Menschen, die sich etwa schon beim

Gang in den Supermarkt mit Maske als Covid-19-Märtyrer fühlen, wird man bald auch so empfinden. Zumal das Gehirn den Jammerpfad für sich bald als Hauptstraße ausweist. Es greift einfach zu gern auf bekannte Muster zurück, weil es einfach schneller geht und somit praktischer ist. Angenommen also, man beklagt fortwährend die Corona-Maßnahmen als enorm einschränkend und überzogen, führt sich das Gehirn bald auf wie der legendäre pawlowsche Hund: Unmittelbar auf den Reiz »Corona« folgt eine körperliche Reaktion. Wir sabbern zwar nicht, aber einige von uns haben allein beim Gedanken an das Social Distancing ordentlich Schaum vorm Mund, fühlen sich unverhältnismäßig gegängelt und so überbeansprucht, als würde man von ihnen erwarten, wildfremden Menschen eine Niere zu spenden. Und zwar direkt an der Supermarktkasse. Alternative Meinungen wie »Ist doch nicht so schlimm« oder »Für einen guten Zweck können wir das ruhig mal auf uns nehmen« beziehungsweise »Wer findet, dass ihn eine Maske zu sehr einschränkt, verzichtet vermutlich auch auf ein Kondom bei einem One-Night-Stand« werden ignoriert.

Studien belegen sogar, dass die ganze Jammerei den Hippocampus schrumpfen lässt, den Teil des Gehirns, der für unser Gedächtnis verantwortlich ist. Meint: Lamentieren macht vergesslich. Irgendwann wissen wir gar nicht mehr, was es eigentlich war, wofür es sich zu leben lohnt. Außer vielleicht für die Momente, in denen man gemeinsam mit anderen eine Selbstbeweinungsgruppe gründet und es einfach mal wieder raushauen kann: das Elend. So gleichen manche Freundinnentreffen schon eher Skatrunden, in denen jeder seine Karten ausspielt und hofft, die höchste Punktzahl zu erzielen. Wir fragen kaum mehr die anderen, wie es ihnen geht – WIR erzählen, was gerade bei uns los ist: Schon wieder die Diät vergeigt, weil die Schwarzwälder Kirsch stärker war ... der Mann sitzt bloß noch auf dem Sofa ... der Chef hat zum x-ten Mal nicht gemerkt, wer hier in der Firma eigentlich die ganze Arbeit erledigt ... die Eltern werden tüttelig und das Auto hat es nicht durch den TÜV geschafft. Befeuert wird der Trend zu »Hamlets Monolog« noch von den sozialen Medien, die weniger auf Dialog als auf »Statusmeldungen« ausgelegt sind. Wir hauen einfach raus, was uns quält. Und denken dabei, wenn ich mich nicht um mich kümmere, macht es keiner – und tun uns auch deshalb furchtbar leid. Wo schon die ganze Aufmerksamkeit und alles Mitgefühl für einen selbst draufgeht, bleibt natürlich kaum noch etwas für andere. Oft nicht mal für jene, die wirklich ernste Sorgen haben. Weil sie krank sind, arm, alles verloren haben. Erstaunlicherweise jammern aber oft gerade die nicht, die wirklich allen Grund dazu hätten. So wie die Betreiberin des Restaurants bei mir um die Ecke. Sie hat fast zehn Jahre durchgehend dafür geschuftet, ihr Lokal in finanziell sichere Gewässer zu lotsen. Das war ihr am Schluss auch gelungen. Dann kam Corona. Der Lockdown hat ihre Ersparnisse komplett aufgebraucht. Sie sagt, Corona sei eine Katastrophe, aber vor allem für die, die daran sterben oder wegen des Virus geliebte Menschen verlieren. Das Gute am Schlechten sei für sie gerade, dass es sich um eine Art Naturereignis handele: »Ich kann es ja nicht ändern. Aber ich bin auch nicht dafür verantwortlich. Es ist, wie es ist. Mich entlastet das.«

Es könnte uns alle entlasten. Und nicht nur das. Wenn man verdammt nah am Abgrund steht, ist es vielleicht sowieso besser, nicht hinunter, sondern auf das Nächstliegende zu schauen: auf das, was man tun kann und eben auch lassen muss. Zu ertragen, was man ohnehin nicht ändern kann, anstatt den Abgrund auszuleuchten und ihn mit ein paar zusätzlichen Horrorvisionen auszustatten, um das große Mimimi zu rechtfertigen. Der britische Autor Stephen Fry meinte einmal dazu: »Ich wollte immer ein Selbsthilfebuch herausgeben mit dem Versprechen ›Wie man glücklich wird – 100-prozentige Erfolgsgarantie‹. Dann würden diese Menschen dieses unglaubliche Buch kaufen und es hätte nur leere Seiten. Bloß auf der letzten stünde: ›Hör auf, dich selbst zu bemitleiden – und du wirst glücklich sein.‹ Selbstmitleid zerstört Beziehungen, es zerstört alles, was gut ist, es erfüllt alle Prophezeiungen, die es macht.«[68]

FÜRCHTET EUCH NICHT ...

Wie es auch anders geht, das haben gerade während Corona zahllose Initiativen gezeigt, die sich quasi von Tag eins des Lockdowns gegründet haben. Was etwa in Frankfurt am Main mit 20 Freunden begann, die sich über den Messengerdienst Telegram zusammenfanden, um sich in der Krise zu unterstützen oder auch nur auszutauschen, hatte sich innerhalb von nur 24 Stunden zu 800 Teilnehmern ausgewachsen. In kürzester Zeit entstand unter dem Titel *Solidarisch trotz Corona* ein stadtumspannendes Netzwerk mit mehreren Tausend Menschen, die helfen wollten: einkaufen, Hunde ausführen, Medikamente abholen, Kinder beaufsichtigen, bei den Tafeln aushelfen (weil deren Ehrenamtliche überwiegend meistens zu den Hochrisikogruppen zählen) und »Gabenzäune« für Obdachlose installieren. So wurde Nähe durch Abstand geschaffen, versicherte man sich gegenseitig. Und wie viel doch gerade dann geht, wenn nichts mehr geht. Eine Art Antidrogenprogramm zum Narkosemittel »Jammern«, das jegliche Ambition in den Tiefschlaf befördert. »Du kannst nicht verhindern, dass die Vögel der Besorgnis über deinen Kopf fliegen. Aber du kannst verhindern, dass sie sich in deinem Kopf ein Nest bauen«, heißt es in einem chinesischen Sprichwort. Es gehört längst zum psychologischen Basiswissen, dass man umso mehr Sicherheit gewinnt, je mehr man sich engagiert. Auch und gerade für andere. Wenn überhaupt ein Mittel gegen Ohnmacht existiert, das einigermaßen funktioniert, dann das. Sicher, es gibt immer Ereignisse, die nicht verschwinden, die man nicht »bearbeiten« kann. Selbst Corona wird uns noch eine Weile erhalten bleiben, ebenso wie der Klimawandel und das, was er – beziehungsweise wir – auf diesem Planeten anrichten. Das gilt genauso für blöde Kerle oder cholerische Chefs. Das Einzige, was man da ändern kann, ist seine Haltung zu dem Unabänderlichen. Man kann sich entscheiden, ob man zum Angstbeißer wird, der seine Ohnmacht in blinder Wut ausagiert. An Schwächeren oder einem diffusen »die da oben«. Ob man seine Ohnmacht in einer Sehnsucht nach einem starken Führer, der einem sagt, wo es langgeht, umwandelt. Oder ob man das umsetzt, was Professor Gerd Gigerenzer, Psychologe, Direktor emeritus am Max-Planck-Institut für Bildungsforschung sowie Direktor des 2009 gegründeten Harding Zentrums für Risikokompetenz, dringend empfiehlt: Vernunft in der Familienpackung. »Ich nenne das ›Risikokompetenz‹. Das heißt, das Erste, das ich lernen muss, ist, nicht nach absoluter Sicherheit zu suchen und wenn ich sie nicht finde, lieber nichts zu unternehmen. In dieser Welt ist tatsächlich nichts sicher, außer dem Tod und den Steuern. Aber man kann und man muss sich informieren. Das relativiert die Angst und hilft, den dritten, wichtigen Schritt zu tun: Auf Basis dieses Wissens eigene und souveräne Entscheidungen zu treffen.« Er sagt, es herrsche da »eine bemerkenswerte Angst«, möglicherweise falschzuliegen. Deshalb würden wir es lieber anderen überlassen: »dem Anlageberater, dem Flirtcoach, dem Arzt oder der Astrologin. Wir wollen keine Verantwortung übernehmen. Schon gar nicht für das eigene Scheitern.« Na ja, so denkt man, wenn es doch andere besser wissen. Aber Gerd Gigerenzer meint, auch dann wäre es fatal, anderen »so Wichtiges wie etwa Geldanlagen oder Herzensangelegenheiten anzuvertrauen«.[69] Auf diese Weise könne man nur verlieren und bleibe auf ewig in der Mimimi-Schleife hängen. Man könnte auch sagen: Dumm ist nicht, wer nichts weiß, sondern dumm ist, wer nichts wissen will. Der muss nämlich alles glauben. Selbst die Sache mit den unterirdischen Lagern für Kinder. Oder dass wir in einer Diktatur leben. Oder dass 3,5 Millionen Menschen am 1. August in Berlin für »Freiheit« demonstrierten. Meinen Favoriten habe ich im Internet unter *Elf wirklich wahre Gründe, warum wir eigentlich in Quarantäne sind* gefunden: »(…) damit der Staat währenddessen den Tauben (die nur Roboter sind mit Kameras und Mikrofon) die Batterien wechseln kann.«[70] Ich glaube, die werde ich Ina schicken. Nur damit sie sieht, dass ich tue, was sie vorgeschlagen hat: trotz Corona nicht die Lebenslust zu verlieren.

Man ist nie zu alt für eine unglückliche Kindheit

»Ich wühle lieber im Garten als in der Vergangenheit.«[?]

MILDERNDE UMSTÄNDE

Vielleicht denken Sie mittlerweile, dass ich ein wenig mitleidslos wirke? Könnte sein. Aber dafür kann ich nichts. Es ist eine familiäre Belastung. Es war nämlich so, dass man bei mir daheim immer selbst für alles verantwortlich war: für die schlechten Schulnoten wie für den Hausarrest wegen zu langen Fernbleibens abends. Man hatte ja gewusst, was es dafür gibt – und kam trotzdem zu spät. Ein fairer Deal, wie meine Eltern meinten. Verhandeln lohnte sich nicht. Wie übrigens auch Kranksein. Es gab Mitleid bloß in homöopathischen Dosen, keinerlei Extrastunden vor dem Fernseher, nicht eine Eiskugel mehr als sonst und kein einziges Mal »ausnahmsweise« Pommes von der Bude gegenüber. Klar wurden meine Geschwister und ich ins Bett gesteckt, fachgerecht und liebevoll gepflegt. Es gab eigens zubereitete Schonkost, wenn wir etwas am Magen hatten, und kalte Wadenwickel bei hohem Fieber. Aber es gab kein einziges offenes Ohr für Sonderwünsche in Form von Geschenken oder gar einen Straferlass. Man konnte also nicht etwa den Hausarrest gegen die vier Tage tauschen, die man gerade sowieso wegen einer Erkältung daheim verbracht hatte. Egal, ob ich mit Grippe, Röteln oder praktisch blind mit zwei komplett zugeschwollenen Augen (Bienenallergie!) im Bett lag: Stets kam mein Vater ins Krankenzimmer und befand, dass das hier überhaupt nicht schlimm sei. Jedenfalls nicht schlimm genug, um sich hängen zu lassen oder im Selbstmitleid zu versinken oder schulfrei herauszuschinden. Dann ging er wieder und wir wurden schnellstmöglich gesund. Viele Jahre später – kurz vor meinem 30. Geburtstag – lag ich nach einer aufwendigen Gesichtsoperation, für die mir der Kiefer gebrochen wurde, zehn Tage im Krankenhaus. Mein Gesicht war so dick wie einer dieser Mainzer Schwellköpfe, die typisch sind für die Fastnachtsumzüge dort. Ich fühlte mich einerseits sehr schlecht. Andererseits auch wieder gut: Wann, wenn nicht jetzt ENDLICH, so freute ich mich, wäre mein Vater einmal wirklich beeindruckt! Er kam ins

Krankenzimmer, sah mich und brach in schallendes Gelächter aus. Ich war damals einmal wieder sehr froh, noch eine Mutter zu haben. Weshalb ich das erzähle? Um auch einmal jene offenbar so stark mildernden Umstände geltend zu machen, mit denen einem im Therapiekosmos Entschuldigungsschreiben fürs Leben ausgestellt werden. Um sagen zu können: Ja, ich bin vielleicht ein wenig kaltherzig. Aber ich kann nichts dafür – und ich kann es auch nicht ändern. Es ist meine Kindheit, die mich so hat werden lassen. Und nicht nur meine. Allüberall waltet die Vorstellung, dass man früher eben falsch programmiert wurde, wenn man später am Lebenserfolg vorbeisegelt, und dafür jetzt schon Absolution einfordern kann. Diesen Passierschein für die Umgehungsstraße um die Selbstverantwortung hat sich auch meine Schulfreundin Melanie ausgestellt. Bereits vor zwei Jahren erzählte sie mir bei einem Essen, dass sie jahrelang völlig falsch lag mit ihrer Annahme, ihr Übergewicht verdanke sich einer unguten Kombination aus einem Faible für Süßes und einer generellen Abneigung gegenüber jedweden sportlichen Aktivitäten (weshalb sie jahrelang den Spitznamen FW hatte – von »fauler Willi«, einer Figur aus der *Biene Maja*). Ihre Therapeutin habe die Scheidung ihrer Eltern als Ursache ausgemacht. »Das sei ein Klassiker, sagt die Therapeutin!«, und während Melanie mir das alles darlegt, beißt sie beherzt in ihre Pizza Salami. Soweit ich das beurteilen kann, war Melanie fast schon volljährig, als sich ihre Eltern trennten – die prägenden Jahre waren also ziemlich vorbei. Aber natürlich ist Übergewicht keinesfalls ein Riesenspaß. Andererseits ist auch erstaunlich, dass sich gerade auf dem Abspeckmarkt (übrigens mit Milliardenumsätzen gesegnet) zeigt: Je mehr professionelle Lösungen angeboten werden, umso schwerer werden die Deutschen. Schon weil mit jeder neuen Idee, wie das Abnehmen doch noch gelingen könnte, immer auch die Hoffnung bestärkt wird, es gäbe einen leichten Weg. Einen, der den öden Verzicht überflüssig macht. Einen, bei dem man bloß irgendein ohnehin ungeliebtes Lebensmittel weglassen muss oder irgendeinen Schalter umlegt und – schwupp – purzeln die Pfunde. Sogar im Schlaf. Dass die Trennung ihrer Eltern die Ursache für ihr »Trostessen« sein könnte, hat Melanie vielleicht innerlich weitergebracht, äußerlich jedoch nicht. Sie ist immer noch in Therapie. Aber kein Gramm leichter. Es ist, als würde sie darauf warten, dass allein schon die Diagnose Fettzellen aufzehrt. Bis dahin hat sie es offiziell: Eigentlich kann sie nichts dafür und also auch nichts dagegen tun. Ihre vermeintliche Prägung ist stärker als sie. So wie die Kuchen, Schokoladen, Pasta und Pizzen, von denen sie einfach nicht die Finger lassen kann.

WIEDERGUTMACHUNG IM LIEGEWAGEN

Überhaupt scheint die Idee, man habe da noch einen Regressanspruch an das Schicksal, einen ziemlich schnell trocknenden Komfortzonenzement abzugeben. So auch bei der Mitreisenden einer Bildungsreise nach Krakau. Wir waren von Frankfurt aus im Nachtzug unterwegs. Jeweils sechs von uns sollten sich ein Liegewagenabteil teilen. Kaum hatten wir unseres betreten, da warf eine Frau schon ihre Tasche auf eine der obersten – der besten – Liegen und verkündete: »Hier schlaf ich!« Der Rest von uns meinte, ob man das nicht besser auslosen sollte. Das sei schließlich nur fair. Worauf Ingrid, Sekretärin in Rente, entgegnete: Sie hätte in ihrem Leben mehr als ausreichend Rücksicht auf andere genommen. Nun sei sie mal dran. Hätte ihr ihre Therapeutin gesagt. Deshalb würde sie auch keinesfalls ihren Logenplatz räumen. Den hätte sie sich schließlich redlich verdient. »Endlich ICH!« würde laut Empfehlung der sie bekümmernden psychologischen Fachkraft nun der Schlachtruf ihrer mittleren Jahre lauten. Klar, wer hört das nicht gern, dass er viel zu gut für diese Welt ist. Und das Leben ihm noch einen Blankoscheck schuldet. Wer wird nicht gern von der Selbstverantwortung entlastet mit Sätzen wie: »Ich bin immer zu kurz gekommen. IMMER!«, »Wenn ich nicht an mich denke, tut es keiner!«,

»Ich habe stets zu viel gegeben!« und: »Das habe ich verdient!« Für all das Kinderversorgen und dafür, dass man dem Mann 22 Jahre lang die Unterhosen gewaschen hat. Zumal der sich dafür nicht etwa bedankt hat. Nein, er ist ausgezogen, zu einer anderen Frau. Aber was können wir anderen Mitreisenden dafür? Wäre es nicht angemessener gewesen, sich nach dem Verursacherprinzip am Ex irgendwie schadlos zu halten? Oder überhaupt einmal früher damit anzufangen, sich durchzusetzen? Eigene Interessen zu verfolgen? Auch auf die Gefahr hin, sich unbeliebt zu machen und mal wirklich ungeliebt zu sein. War das hier nicht bloß pure Selbstbezogenheit? Und auch noch feige – weil sie nicht forderte »Ich will die obere Liege!«, sondern quasi ein Attest für ihre Egomanie vorlegte? Und machen es sich Therapeuten nicht überhaupt etwas zu einfach, indem sie ihren Klientinnen offenbar sehr gern erzählen, wonach es die schon ihr Leben lang dürstet: zu hören, dass sie nun mal dran sind? Dass sie viel zu lange verzichtet haben. Dass sie lebenslang verkannt wurden in ihrer Großartigkeit.

Ich verstehe das Bedürfnis, wie ein Kind für alles ausschweifend gelobt zu werden. Ich kenne das Gefühl, meist vergeblich auf Dankbarkeit zu warten und sich aber nicht zu trauen, sie einzufordern oder Leistungen offensiver zu präsentieren. Ich sehe aber auch, wie simpel der Trick ist, der hier angewandt wird, und wie wir damit angefüttert werden, uns endlich mal so richtig leidtun zu dürfen. »Hätten Sie sich nicht gewünscht, Ihre Mutter hätte mehr Zeit für Sie gehabt?!«, fragte mich eine Therapeutin einmal. Ich hatte ihr erzählt, dass meine Mutter früher oft gestresst war – weil sie mit drei kleinen Kindern Vollzeit arbeiten ging. »Ja, das kann sein!«, sagte ich. Aber auch: »Was soll ich jetzt damit machen? Soll ich zu meiner Mutter gehen, ihr das vorwerfen? Das brauche ich nicht. Das hat sie selbst schon zur Genüge getan!« Und es hatte ja durchaus gute Seiten, dass meine Geschwister und ich nicht ständig unter elterlicher Aufsicht standen. Wir haben tolle Abenteuer erlebt, vor allem dort, wo wir eigentlich nicht hätten sein dürfen. Und wir wurden früh selbstständig. Gerade auf die lange Strecke war es eine starke Energiequelle, eine Mutter zu haben, die allergrößten Wert darauf legte, ihre Töchter zu beruflichem Ehrgeiz zu erziehen und mit dem Mantra »Macht euch bloß nie von einem Mann abhängig!« ins Leben zu schicken. Das bedeutet nicht, dass nicht unfasslich viel schiefgehen kann beim Aufwachsen. Aber solange es kein Elterndiplom gibt, können Menschen – bloß weil sie fruchtbar sind – eben weiter fröhlich vor sich herumdilettieren und gravierende Fehler machen. Womit wir bei einem der größten Mimimi-Trümpfe überhaupt wären: die Eltern, die an allem Schuld haben. Kommt ja gar nicht so selten vor, dass längst Erwachsene nach der Devise »Besser spät als nie« ihre manchmal schon hochbetagten Eltern mit ihrer pädagogischen Unfähigkeit konfrontieren. Wohl mit Blick darauf, dass die Zeit dafür deutlich knapp wird. Dabei sollen Vater und Mutter oft nicht nur wissen, was genau alles schiefgelaufen ist. Sie sollen auch für die Folgen haften: für vermeintlich unheilbare Verletzungen wie für verpatzte Lebenschancen. Die sogenannte »Abrechnungsliteratur« ist längt ein eigenes Genre auf dem Buchmarkt. Und Beschwerden kommen nicht mehr bloß aus Familien, die ausreichend Stoff für einen weiteren Charles-Dickens-Roman abgeben würden. Da ist die Kollegin, Mitte 40, die gerade von ihrem Mann verlassen wurde und in Vater und Mutter die Urheber für ihr »verkorkstes« Liebesleben entdeckt zu haben glaubt. »Dauernd haben sie meine Schwester mir vorgezogen. Mein ganzes Leben habe ich deshalb unter Minderwertigkeitskomplexen gelitten und bin ständig an die falschen Männer geraten. Kein Wunder, wurde ich doch schon in der Kindheit nicht wirklich geliebt.« Oder Reinhard, ein Kindergartenfreund – mittlerweile auch über 50 –, der findet, seine Eltern hätten ihn damals zwingen sollen, weiterhin aufs Gymnasium zu gehen und Abitur zu machen. Ich, die ich mich gut daran erinnern kann, dass nicht mal Mahatma Gandhi seinerzeit in Indien einen so effektiven passiven Widerstand organisiert hat wie er (um möglichst früh von den Büchern wegzukommen und rein ins »echte Leben«), wende ein, dass er später doch einfach noch das Abendgymnasium hätte besuchen können. Aber es ist nichts zu machen. Reinhard bleibt dabei: Die Weichen, die in seiner Kindheit – und zwar nicht von ihm – vermeintlich grundfalsch gestellt wurden, mündeten unentrinnbar in sein trostloses Leben als Sachbearbeiter einer Versicherung. Und niemand anderes als seine Eltern tragen die Verantwortung dafür, dass er nicht reich und berühmt wurde. Womit genau? Das weiß selbst er nicht. Nur eben, dass bestimmt alles anders wäre, hätten Margarete und Willy ihn durch die Oberstufe »gern auch geprügelt«.

Diese und ähnliche frustrierende Lebensquittungen werden nun den Eltern von Kindern präsentiert, die ihren Ballaststoff bei ihnen abwerfen wollen. Mit der stillen Aufforderung, gefälligst die Verantwortung dafür zu übernehmen, wofür man selbst nicht gradestehen mag. Ich stelle mir vor, wie Margarete und Willy – bereits reichlich tüttelig und ohnehin voller Angst vor einer zunehmend befremdenden Welt – nun damit konfrontiert werden, dass sie ihrem geliebten Kind das ganze Leben versaut haben. Ich meine, selbst Betrug, Diebstahl, Körperverletzung wären längst verjährt, bloß Fälle von erzieherischem Herumdilettieren bleiben ewig offen. Und ich frage mich, was es bringt, zwei alten Menschen die letzten Lebensmeter mit dem schlimmsten aller Vorwürfe zu überschatten, die man Eltern machen kann: Ihr habt mich unglücklich gemacht! Denn das ist es, was sie hören, sobald man sagt: »Nie wurde ich gelobt!« Oder: »Nicht einmal wart ihr beim Elternabend!« Oder: »Hätte Mama mich nur öfter mal in den Arm genommen!« Oder: »Wärt ihr bloß nicht immer so beschäftigt gewesen!« Oder: »Ihr wart viel zu streng!« Oder: »Ihr habt euch nie wirklich für mich interessiert, sonst hättet ihr mir nicht so viele Freiheiten gelassen!« Ja, tatsächlich hat Letzteres eine Freundin ihren beneidenswert toleranten Eltern einmal vorgeworfen. Erna und Horst oder Fritz und Martha oder Winfried und Karin werden das alles sicher sehr, sehr bedauern. Aber was sollen sie jetzt machen? Auf die große Resettaste drücken? Noch einmal von vorn beginnen? Wären wir denn überhaupt zufriedener, dürften nur noch die

»Richtigmacher« Eltern werden? Wer würde dann noch Kinder in die Welt setzen? Und: Wen würden wir schließlich für unser Unglück zur Verantwortung ziehen? Womöglich uns selbst? Verschaffen wir uns nicht ganz allein lebenslang Hausarrest im Kinderzimmer, wenn wir uns so standhaft weigern, all das hinter uns zu lassen, was uns dort widerfahren ist? Ist man nicht irgendwann einfach zu alt für eine unglückliche Kindheit? Fakt ist: Es gibt sie nicht, die perfekte Mutter, den idealen Vater, die passende Geschwisterkonstellation. Sie sind so etwas wie der Yeti der Psychologie: ein Mythos. Deshalb haben wir – theoretisch – alle eine Menge Probleme. Vor allem wenn wir glauben, dass die Ursachen für unsere Schwächen, unser Versagen, unsere Minderwertigkeitsgefühle in der Kindheit liegen müssen und die Erlebnisse von früher für alle Zeiten schreibgeschützt auf unserer Festplatte abgelegt sind, um dort zu einem üblen Gebräu aus Frust, Ärger, Trauer, Selbstmitleid zu vergären.

Natürlich hinterlassen schwierige Kindheitserlebnisse Spuren in uns und beeinflussen unsere Entwicklung. Aber Studien belegen auch: Selbst eine von grober Lieblosigkeit geprägte Kindheit mündet nicht zwangsläufig in eine Karriere etwa als Lebensversager. Man kann im Gegenteil sogar Präsident der Vereinigten Staaten werden oder total mächtig und ziemlich glücklich wie Oprah Winfrey. Wir sind eben nicht »Gefangene unserer Vergangenheit«, »auch wenn unsere Kindheitserlebnisse uns sehr wohl prägen können«, so der finnische Therapeut Ben Furman.[72] Er forscht schon seit Langem über die Frage, wie groß der Einfluss der Kindheit auf das spätere Leben ist, und kann seine These mit vielen eindrucksvollen Berichten untermauern. Sie stammen von Menschen, denen in der Kindheit Schlimmstes widerfuhr. Sie wuchsen mit alkoholabhängigen Eltern auf, im Waisenhaus, bei herzlosen Pflegeeltern und erlebten Kälte, Ablehnung, brutale Gewalt genauso wie sexuellen Missbrauch. In insgesamt 300 Briefen, die Ben Furman erhielt, nachdem er Menschen aus sogenannten schwierigen Verhältnissen dazu aufgefordert hatte, über ihre Erlebnisse zu schreiben, schildern die Betroffenen so ziemlich alle Variationen von Hölle, Hölle, Hölle. Und trotzdem oder gerade deshalb ist ihr Leben ganz anders verlaufen, als in diesen simplen Wenn-dann-Rechnungen, die wir so gern aufstellen. Einer der Betroffenen schrieb: »Ich habe oft rotgesehen, wenn ein Jugendlicher oder ein Erwachsener dazu verdammt wurde, eine bestimmte Art von Zukunft wegen seiner Kindheit zu haben. Ich selber bin davon überzeugt, dass eine schwierige Kindheit kein schlechteres Erwachsenenalter garantiert als das Aufwachsen in einer sogenannten Normalfamilie.«[73] Eigentlich alle Zuschriften bestätigten, was Ben Furman ohnehin schon vermutet hatte: Wir können viel später immer noch ausgleichen, was uns in der Kindheit an Anerkennung, Liebe, Fürsorge und Freude gefehlt hat. Mit der richtigen Partnerwahl, einer positiven Schulerfahrung, guten Beziehungen zu den eigenen Kindern, mit Neugier, Offenheit und vor allem mit dem Gefühl, dass wir unser Lebensdrehbuch selbst schreiben – also durchaus ein paar Kapitel korrigieren können. Oder, wie Ben Furman es formuliert: »Es ist nie zu spät, eine glückliche Kindheit zu haben.« So auch der Titel seines Buchs, längst ein internationaler Bestseller.

»Hach!«, höre ich jetzt meine Kollegin: »Sollen wir also über alles, was die Eltern falsch gemacht haben, nun den Mantel des Vergebens legen?« Nein, wir sollen uns nur selbst einen sehr großen Gefallen tun: das Kinderzimmer verlassen. »Das heißt nicht, den schweren Kampf gering zu schätzen oder das, was passiert ist«, so Ben Furman.[74] Aber letztlich belastet der dicke Ordner mit Schuldscheinen vor allem das eigene Leben, weil sie ja nirgendwo eingelöst werden können. Nicht umsonst heißt es: »Wer nachträgt, trägt schwer.« Unversöhnlichkeit mag zunächst als der leichtere und vor allem naheliegende Weg erscheinen. Aber sie führt zu der paradoxen Situation, ausgerechnet jenen Menschen, mit denen man nicht mal mehr auf demselben Planeten leben will, einen Stammplatz in seinen Gefühlen und Gedanken einzuräumen. In den USA, wo man sich schon lange mit dem

Thema »Forgiveness« befasst, kamen Studien zu dem Ergebnis, dass es unmittelbar der Gesundheit schadet und sogar das Immunsystem schwächt, wenn man stets an einer emotionalen Wunde herumpopelt. Natürlich ist es hilfreich, sich mit der eigenen Kindheit zu beschäftigen, um sich selbst besser zu verstehen. Aber es ist mindestens ebenso nützlich, sich zu überlegen, welche Bedeutung man den Ereignissen beimessen möchte. Das nämlich liegt allein bei uns.

Michaela, eine Freundin, hat das auf eine sehr bewunderungswerte Art und Weise getan. Sie hatte ihr Leben lang unter einer sehr kalten, distanzierten Mutter gelitten. Sich ewig angestrengt, um wenigstens einmal Sätze wie diese zu hören: »Ich bin stolz auf dich!«, »Du bist klug und wunderschön!«, »Es ist toll, was du da tust!« oder »Du bist mein ganzes Glück!«. Als ihre Mutter vor Kurzem starb, war nichts von dem jemals über ihre Lippen gekommen. Dann machte sich Michaela auf eine Reise durch die Vergangenheit ihrer Mutter. Traf sich mit alten Freundinnen, mit entfernten Cousins und Cousinen, ehemaligen Nachbarn. Sie setzte die Biografie ihrer Mutter Stück für Stück zusammen. »Ich erfuhr, wie meine Mutter als Kind selbst grobe Vernachlässigung erlebt hat und wie unglücklich sie gewesen sein muss. Ich verstand, dass sie einfach nicht wusste, wie das gehen sollte: eine gute Mutter zu sein. Tatsächlich erzählten mir viele, mit welchem Stolz sie von mir berichtet hat, wie toll sie es fand, dass ich so selbstständig bin und mein Restaurant ganz allein auf die Erfolgsspur gebracht habe. Das hat mich umgehauen. Sicher, es ist furchtbar traurig, dass sie es nie zu mir gesagt hat. Und auch, dass ich mich ihr erst jetzt nach ihrem Tod näher fühle als je zuvor. Aber es hat ebenso etwas Gutes: Ich habe gelernt, unabhängig zu sein von der Meinung anderer. Und letztlich sogar von meiner Kindheit.«

»Ohne Wissen gibt es keine Wahl«, hat George Bernard Shaw einmal gesagt. Meint: Es geht eben oft gar nicht ums Verzeihen. Es geht ums Verstehen. Zu diesem Ergebnis kam auch eine amerikanische Studie mit Kindern, deren Eltern an Langzeitdepressionen litten. Man stellte fest, wie sehr viel besser die Kinder das Erlebte verarbeiten konnten, sobald ihnen klar wurde, dass es sich um eine Krankheit handelt, die nichts mit ihnen zu tun hat. »Unsere Vergangenheit ist eine Geschichte, die wir uns in vielen verschiedenen Weisen erzählen können«, fasst Ben Furman zusammen.[75] Und es hilft niemandem – zuletzt uns selbst nicht –, wenn wir unseren Eltern ausgerechnet die Schuld-und-Sühne-Version unter die Nase reiben. Es gäbe nur dann eine Chance auf ein fruchtbares Gespräch, falls man sich den jeweiligen Themen »wie ein neugieriger Historiker« nähere. Auf diese Weise erfährt man nämlich etwas sehr Wesentliches: dass Eltern auch nur Menschen sind und keine Erziehungsautomaten. Dass sie oft das Falsche tun, gerade wenn sie alles richtig machen wollen. Sie sind eben fehlbar – so wie wir. »Sag mal«, fragt mein Vater, »kannst du dich erinnern, als wir damals in Amsterdam gewesen sind? Als du so eine unglaublich schlechte Laune hattest? Weißt du mittlerweile eigentlich, warum?« Ja, ich kann mich erinnern. Es war unsere erste Flugreise. Eine ganz große Sache, auch weil meine Eltern immer arbeiteten und wir praktisch nie gemeinsam in Urlaub gefahren waren. Ich war 14 und mein Vater hatte für die immerhin fünfköpfige Familie ein unglaublich teures Hotel springen lassen. Er hatte sich so gefreut, uns das bieten zu können. Daran erinnere ich mich. Und ich? Ich war mitten in der Pubertät und quasi mit einer eigenen Gewitterwolke unterwegs, die das gesamte Wochenende überschattete. »Ehrlich? Keine Ahnung!«, antworte ich. »Es war aber auf keinen Fall etwas Persönliches.«

So ist das vielleicht in Familien: Jeder tritt jedem mal auf die Füße. Klar hat man einen Anspruch auf die Würdigung der eigenen Erfahrungen. Manchmal möchte man aber auch sagen: »Irgendwann ist man zu alt für eine unglückliche Kindheit.« Und wäre es nicht fast schrecklicher, die Eltern hätten wirklich alles ganz und gar richtig gemacht? Unter welchem Druck würde man stehen, sich mit einem entsprechend wunderbaren, rundum erfolgreichen und glücklichen Lebenslauf zu revanchieren? Am Ende müssten wir die Verantwortung für alles, was schiefläuft, selbst übernehmen! Umgekehrt muss man es ja erst mal besser machen, also dafür sorgen, dass einem bei den eigenen Kindern nicht der kleinste Fehler unterläuft, man sie weder zu streng noch zu lax erzieht. Dass man niemals ungerecht, unaufmerksam, gestresst ist. Sie leitet, ihnen Geborgenheit schenkt und ihnen trotzdem größtmöglichen Entwicklungsfreiraum bietet, niemals die Nerven verliert und überhaupt ein über jeden Zweifel erhabenes Vorbild abgibt: als Eltern, als Paar, als Mensch. Genau – das würde einen auch ganz schön fertigmachen. Zum Glück sind sich nicht mal die Experten einig, was das überhaupt sein soll: eine Erziehung ohne die klitzekleinste Chance für die Kinder, ihren Eltern später Vorwürfe machen zu können. Das sollte einen eigentlich entlasten und zu einem beherzten pädagogischen Pragmatismus ermuntern. Zu einer gelungenen Fusion aus den Erfordernissen des Gelderwerbs, eigenen Bedürfnissen und denen des Kindes. Zu weniger Einmischung und mehr Eigensinn. Aber genau das ist ein weiteres Problem, vor allem wenn man Mutter wird: der vielstimmige Chor der Erziehungsexperten. Der mit und der ohne Diplom. Jeder weiß etwas, und das besser. Alle wollen mitreden, die optimalen pädagogischen Handwerkszeuge kennen, mit denen man lediglich etwas am Kind rumschrauben muss, um am Ende ein absolut gelungenes Exemplar herauszubekommen. Und bringen damit nur noch mehr Mimimi in die Welt: das Gefühl nämlich, all den Ansprüchen ans Muttersein nicht mal im Ansatz zu genügen.

MUTTI IST AN ALLEM SCHULD

Natürlich kann man sagen, es sei eine ganz private Entscheidung, ob man nun als Mutter daheimbleibt oder Vollzeit einem Beruf nachgeht. Ist es aber nicht. Denn für beides muss man sich rechtfertigen. Die einen dafür, »bloß« für ihre Kinder da zu sein und damit ihre ganze berufliche Zukunft aufs Spiel zu setzen, die anderen dafür, ihren Aufgaben als Mutter nicht gerecht zu werden. Und nicht nur dafür. Sobald Kinder da sind, quatscht einem jeder rein. Permanent bekommt man ungebetene Hinweise, Ratschläge, Aufforderungen. Und zwar vom ersten Schwangerschaftsmonat an: »natürliche« Geburt oder Kaiserschnitt? Stillen: ja oder nein? Und wenn, wie lange? Bis das Kind Freunde zum Essen mitbringt und die Bluse der Mutter selbst aufknöpfen kann? Bio selbst gekocht oder doch Gläschenkost? Schlafen von Anfang an im eigenen Bett oder zwischen den Eltern im ehelichen Schlafzimmer? Jeder von uns würde es übergriffig finden, würde uns eine Wildfremde sagen, wie wir unsere Haare tragen sollten und dass uns die rote Bluse überhaupt nicht steht. Aber sobald Kinder im Spiel sind, dürfen alle alles besser wissen. Das erfuhr auch Gilda, eine Freundin, als sie auf einer Parkbank ihre sechswöchige Tochter mit einem Fläschchen fütterte. Währenddessen kam eine Frau vorbei und meinte zu ihr: »Wissen Sie, Muttermilch ist eigentlich das Beste!« Darauf hätte es nur eine angemessene Antwort gegeben: »Wirklich? Ich dachte, das wäre das pure Gift fürs Kind! Deshalb schütte ich auch immer alles weg, was ich abpumpe.« Stattdessen rechtfertigte sich Gilda wortreich dafür, dass sie wegen einer Brustentzündung gerade nicht stillen konnte. Auf keinen Fall wollte sie den Eindruck hinterlassen, nicht gut für ihr Kind zu sorgen. Nicht mal bei dieser Frau, die sie gar nicht kannte und die offenbar über kaum mehr Umgangsformen verfügte als ein Braunbär. Klar gibt es Situationen, in denen man sich einmischen sollte. Grundsätzlich immer, wenn Menschen bedroht werden oder bereits Opfer von Gewalt sind. Welche Art von Nahrung es sein soll, fällt deutlich nicht in diese Kategorie. Und sicher würde es sich die Frau – zu Recht – strikt verbieten, würde man ihr mit Blick auf den heimischen Esstisch erklären: »Leberkäse? Wollen Sie Ihren Mann umbringen? Wissen Sie nicht, wie einem all das Fett die Gefäße verstopfen kann? Sie sollten dringend Gemüse auf den Speiseplan setzen!«

Aber bei Müttern hängt der Himmel eben nicht voller Geigen, sondern voller Besserwisser. Längst nicht alle haben auch das Fach studiert, indem sie sich angeblich so gut auskennen. Dennoch mischt sich jeder, der schon mal ein Kind aus der Nähe gesehen hat, in Dinge ein, die eigentlich ganz manierlich laufen würden – würden all die Tipps und Verhaltensmaßregeln nicht wesentlich zu dem beitragen, was sie doch eigentlich aus der Welt schaffen wollen: Verunsicherung. »Mütterpolizei« nennt Ayelet Waldman, selbst vierfache Mutter, in ihrem Buch *Böse Mütter* das Tribunal, gegen das selbst eine *DSDS*-Jury wie ein Streichelzoo wirkt. Es tagt auf Spielplätzen, bei Kindergeburtstagen, der Frühförderung, beim Babyschwimmen, auf Elternabenden und im Internet. Praktisch überall dort, wo Mütter zusammenkommen. Sofort stellen sie eine andere an den Pranger. Weil sie sich für einen Kaiserschnitt statt für den »positiven Schmerz« einer Hausgeburt entschieden hat. Weil sie zum Fläschchen greift, statt das Kind an die Brust zu legen. Weil sie mal eben schnell eine Pizza auftaut, statt eine vollwertige Mahlzeit herzustellen. Und vor allem: Weil sie ihr Kind in »Fremdbetreuung« gibt, was an sich schon klingt, als hätte man es an irgendeiner Raststätte zurückgelassen. Um bloß nicht den Anschluss auf dem Arbeitsmarkt zu verpassen. Und vielleicht auch ein bisschen, damit sie wenigstens stundenweise mit Menschen zusammen ist, die nicht das ehrgeizige Projekt verfolgen, alle 78 Folgen von *Wickie und die starken Männer* auswendig zu lernen. Das behält man als Mutter allerdings besser für sich. Man verkneift sich auch Sätze wie: »Interessiert mich nicht, was ihr denkt, ich mache es genau so, wie ich es für richtig halte.« Oder: »Meine Kinder, meine Regeln!« Das klingt so verdammt nach Egoismus und der kommt auf der unendlichen Liste möglicher Muttersünden gleich nach »heroinabhängig« oder »die letzte Zigarette frühestens bei der ersten Presswehe ausdrücken«. Nichts ist ja leichter, als Müttern Schuldgefühle zu machen. Das hat ein ganz eigenes Genre hervorgebracht. Es nennt sich »Mom-Shaming« und ist eine Art Lizenz für geradezu groteske

Einmischungsversuche. Das Internetportal buzzfeed hat ein paar besonders eindrucksvolle Übergriffe gesammelt. Da schreibt eine Mutter etwa: »Ich habe meiner Tochter auf einem Supermarktparkplatz auf dem Rücksitz meines SUVs die Windeln gewechselt. Eine Frau kam auf uns zu und sagte, dass ich meiner Tochter dadurch beibringen würde, sich in der Öffentlichkeit zu entblößen.« Eine andere erzählt: »Mein Sohn ist ein Einzelkind und wurde vor Kurzem von einem kleinen Mädchen in seiner Kita gebissen. Die Kita-Chefin gab uns die Schuld daran, weil wir keine weiteren Kinder haben. Sie sagte: ›Wenn er Geschwister hätte, wüsste er, wie er sich verhalten müsste, wenn ihn ein anderes Kind beißt.‹«[76] Dann gehören ja außerdem Unwägbarkeiten zum Lieferumfang eines jeden Kindes. Da ist das Kind selbst, das viel zu oft leider nicht so will, wie es die Stillbücher, Einschlaftipps und Ratgeber vorsehen. Das nach Süßem und WLAN schreit, das nicht durchschläft und sich trotz eines von sämtlichen Spielzeugwaffen bereinigten Haushaltes im Sandkasten wie ein blutrünstiger Rambo beträgt.

Dazu die vielen Studien. Praktisch täglich kommen neue Erkenntnisse in Medizin, Psychologie und Pädagogik heraus. Galt vor einigen Jahren noch, Krippenbetreuung hinterließe seelische Verletzungen in der Größenordnung von »Genitalverstümmelung« (Christa Müller), so stellten spätere Forschungen der Krippe durchaus ein glänzendes Unbedenklichkeitszeugnis aus – während heute Experten wieder der Meinung sind, das Kind gehöre die ersten drei Jahre besser daheim betreut. (Und raten Sie mal, von wem?!) Schimpfen bringt wenig. Aber den Kindern alles durchgehen zu lassen ist genauso problematisch. Spätestens in der Schule werden sie ja mit der betrüblichen Realität von Regeln konfrontiert. Manche sagen: Keinen Handschlag braucht das Kind im Haushalt zu erledigen. Es hat ja schon einen Job: die Schule. Andere finden, dass man bereits den Kleinen beibringen sollte, dass, wer schmutzt, auch putzt oder wenigstens seinen Teller allein in die Küche bringen kann. Schon um zu verstehen, dass Mütter keine

Servicekräfte sind, und um sonst wichtige Dinge wie Abwasch, Bodenpflege und Badreinigung zu lernen. Die einen propagieren »wertschätzende Kommunikation«, die anderen glauben, dass es nicht nur die Eltern, sondern auch ein Kind wuschig macht, wenn wirklich alles besprochen werden muss. (»Möchtest du lieber das Körnerbrötchen oder das Roggenbrötchen oder lieber einen Toast oder lieber Haferflocken?«) Weil Kinder von ihren Eltern erwarten können, dass die eine Richtung vorgeben. Nur so könne man die für den Nachwuchs so wichtige und beruhigende Sicherheit vermitteln. Eltern sollten das wissen. Sie erleben es ja selbst an den unendlich vielen Wahlmöglichkeiten, die man ihnen offeriert: Montessori oder Waldorf? Musikalische Früherziehung oder Fußballverein? Und schließlich noch der Schlafentzug, das Gefühl, keine einzige Minute mehr für sich zu haben und sich abends zu fragen, wie man es wieder mal nicht schaffen konnte, wenigstens zu duschen.

Trotzdem darf sich eine Mutter nicht darüber beklagen, genauso wenig wie sie zugeben darf, dass das Gebären eine verdammte Schinderei ist. Und wie man sich nach nur einem Monat mit einem Zweijährigen manchmal danach sehnt, wieder ins Büro zu gehen oder ihn wenigstens frankiert – ohne Absender – ans andere Ende der Welt zu schicken. Dass es einen aber umgekehrt genauso zerreißt, versucht man berufstätig und Mutter zu sein. Berufstätige Mütter, Vollzeitmütter, Mütter von Einzelkindern, Mütter von vielen Kindern, junge Mütter, späte Mütter, Öko- und Fertigpizza-Mütter: Sie alle fürchten insgeheim, die anderen würden es viel besser machen … Eigentlich könnte man sein Leid ja teilen. Die Zweifel, die nagenden Selbstvorwürfe, die unendliche Mühe und auch den Verzicht, der jedem der Müttermodelle innewohnt. Auf Selbstverwirklichung, auf Muße, auf regelmäßigen Sex, auf Lebensqualität, außerdem auf Karrierechancen oder Zeit mit dem Kind. Auf ein Ich, das nicht dem »Wir haben eine Fünf in Latein« geopfert wird, und vor allem: auf Mitgefühl und Verständnis. Man könnte einmal einträchtig für mehr Entlastung, eine bessere Kinderbetreuung, für stärkere Väterbeteiligung in Sachen Erziehungsurlaub und eine Arbeitswelt kämpfen, in der Mütter nicht auf der Karrierekriechspur landen. Aber es bleibt nun mal immer noch der Verzicht, der eine gute Mutter auszeichnet, und nicht die Durchsetzung eigener Ansprüche. Die maximale Erfüllung soll im Glück und im Lebenserfolg des Kindes liegen und es darf auf keinen Fall das Mutti-Mittelmaß sein, das angestrebt werden soll. Und weil das nicht zu schaffen ist und man nur scheitern kann, ist man auch so ansprechbar für jeden, der behauptet, ein Mutti-Patentrezept zu kennen. Und leider auch viel zu dankbar für jede, die es vermeintlich noch schlechter macht.

Eine Bekannte, die sich vor Jahren dazu entschied, ihren Arbeitsplatz aufzugeben, »um ganz für meine Kinder da zu sein«, zieht die Rechtfertigung für ihr Lebensmodell vor allem daraus, Mütter schlechtzumachen, die einen anderen Lebensweg eingeschlagen haben – und es vielleicht sogar laut sagen, das vermeintlich so böse Wort mit K. »Karriere? Wieso bekommen Frauen Kinder, wenn sie sich gar nicht richtig um sie kümmern wollen? Ich sehe es den Kindern von diesen Frauen, die glauben, Muttersein ließe sich nebenbei erledigen, schon an, dass sie schlecht betreut sind. Sie sind fahrig, unkonzentriert, hyperaktiv.« Ich frage, ob sie findet, dass ich irgendwie gestört wirke – schließlich waren wir sogar drei Kinder und meine Mutter hat trotzdem immer gearbeitet. Sie erwidert, dass sie das so nicht gemeint habe. Aber ich weiß, im Stillen hat sie sich eine Notiz gemacht: »Mit Constanze nicht mehr über Kinder sprechen. Bloß noch mit anderen Vollzeitmüttern, die mich verstehen.« Wenn man schon nicht perfekt sein kann, will man wenigstens besser sein als die Mutter von nebenan. Deshalb greift man an und ist gleichzeitig selbst verwundbar, ist selbst Mütterpolizei, aber auch ihr Opfer. So lange, bis wir jene Konsequenzen ziehen, die Ayelet Waldman so beschreibt: Einfach mal die Klappe halten, sich um seinen eigenen Kram kümmern. Und eine Mutter werden, »die ihr Bestes tut, und für die das gut genug ist. Auch wenn sich herausstellt, dass ihr Bestes einfach nur nicht schlecht ist.«[77]

Ziemlich
gut genug

»Seit ich mich nicht mehr selbst suche, führe ich das glücklichste Leben, das es geben kann.«

HI. Theresia vom Kinde Jesu

m Grunde verhält es sich mit unserem Gefühlshaushalt mittlerweile wie mit unseren Fahrzeugen. Vor ein paar Jahren konnte man mit ein wenig Geschick die gröbsten Defekte bei den älteren Modellen durchaus selbst reparieren. Heute sind sie derart technisch hochgetunt, dass man schon mit einem verhakten Handschuhfach (und einer KFZ-Mechanikerlehre aus dem Jahr 1978) an seine Grenzen stößt und Spezialisten mit Großrechner braucht. Außerdem steht man ständig vor neuen Problemen, die man vorher nicht hatte. Wie wir vor einigen Wochen, als der Leihwagen im Vollbesitz einer geladenen Batterie entschieden hatte, uns auszusperren und durch nichts zu bewegen war, die Türen zu öffnen. Vielleicht sind wir bald auch nur noch Zaungäste in unserem eigenen Gefühlshaushalt, ohne Möglichkeit, selbst einzugreifen, werden gelebt, statt selbst zu leben. Eine »Auslagerung des Selbst«, so nennt die amerikanische Soziologin Arlie Russell Hochschild jedenfalls das, was da gerade passiert: Wir delegieren immer mehr »emotionale Arbeit« an Dienstleister in der Annahme, sie würden mehr davon verstehen als wir. Wir akzeptieren die Entmachtung, weil sie uns einen festen Wohnsitz auf der »sicheren Seite« verspricht und auch, jedwede Selbstzweifel, Unwägbarkeiten, Unsicherheiten zu eliminieren.

Klingt sehr verlockend und ist im Prinzip so etwas wie die A-Seite des Magnetismus der Psychodienstleister. Auf der B-Seite werden wir mit unserer Eitelkeit geködert, nachdem ja noch das kleinste Wehwehchen, die winzigste Fehlschaltung Beachtung findet. In einer stets komplexeren Welt, in der Aufmerksamkeit das höchste Gut ist, regiert immer und vor allem die Furcht, in der Bedeutungslosigkeit zu verschwinden. Da ist man dankbar für jeden, der uns dabei hilft, uns wieder wichtig zu fühlen. Der bereit ist, sich mit uns zu beschäftigen, uns so zu verbessern und gegen die miesen Kleinheitsgefühle zu imprägnieren, dass wir wie Siegfried aus *Die Nibelungen* zu unverwundbaren Helden unseres Daseins werden. Nur dass wir nicht in Drachenblut baden, sondern in Coachings, Therapiestunden, Ratgebern, Esoterikseminaren … Zudem entlastet uns das Versprechen, die Verantwortung für das Gelingen des Lebens abgeben zu können – und zwar gleich zweifach. Einmal, indem wir die Definition von dem, was ein gelungenes Leben ist, anderen überlassen und sie außerdem auch gleich dafür bezahlen, uns dafür fit zu machen. Dabei wird da oft eigentlich nur der Brand in dem Haus gelöscht, das man selbst angezündet hat. Es werden also Lösungen für Probleme verkauft, die man so gar nicht hatte, bevor es die Lösungsangebote gab – oder mit denen man eigentlich ganz gut und leidlich in friedlicher Koexistenz gelebt hat, weil sie eben dazugehörten. Heute behandelt man sie wie unerwünschte Nebenwirkungen von Leben. Dass wir vermeintlich nicht mal mehr das kleinste Mimimi ertragen müssen, hat unsere Frustrationstoleranz in Bereiche gesenkt, die – das konnten wir dank Corona hautnah erleben – mittlerweile ganz schön gefährlich sind. Wo die Botschaft lautet »Du brauchst rein gar nichts mehr auszuhalten«, wird ja schon das Mund-Nase-Schutzmasken-Tragen als empörende Zumutung empfunden. Und wer sich dauernd damit beschäftigen soll, wie er sich fühlt, was ihm guttut und was nicht, für den ist bald alles Belastung. Der kann sich dann natürlich nicht noch um andere kümmern. Das sollen die mal schön selbst tun.

Mit dem Optimierungswahn geht deshalb auch eine stetig wachsende Egomanie einher. Wo immer nur jeder für sich besser, glücklicher, erfolgreicher werden soll, muss man sich zwangsläufig unempfindlich gegen das Leid der anderen machen, hat sich die Sache mit der gesamtgesellschaftlichen Verantwortung – alle für alle – so ziemlich erledigt. Wenn wir uns also in einem Wochenendseminar erklären lassen, dass Liebe alles ist und es sowieso kein wichtigeres Projekt gibt als die Partnerschaft, können wir nicht gleichzeitig im Flüchtlingscamp und um die Ecke die Hausaufgabenbetreuung für die Kinder übernehmen. Oder uns im Ortsverband für günstigere Mieten engagieren. Obwohl ich nicht mal sicher bin, ob das einer glücklichen Zweisamkeit nicht vielleicht sogar zuträglicher wäre, wenn man noch andere Themen im Leben hat und somit nicht alle Aufmerksamkeit um den eigenen Bauchnabel kreist.

Am Ende bezahlen wir so oder so einen sehr hohen Preis für die vermeintliche Entlastung. Schließlich wird es – wo dauernd Profis Perfektion anbieten – immer schwerer, sich im Mittelmaß wohlzufühlen, also dort, wo die überwiegend meisten (mich eingeschlossen) zu Hause sind. Wir verlernen außerdem, uns die einst einfachsten Dinge zuzutrauen: unsere Probleme selbst zu lösen. Unser Glück zu finden, zufrieden zu sein, aufzuräumen, den richtigen Partner zu wählen, Kinder zu bekommen und ihnen einen hübschen Namen zu geben. Denn sogar dafür gibt es mittlerweile Agenturen, die man dann dafür bezahlt, dass man mit »Mandy« einer zukünftigen Bundeskanzlerin nicht schon die Karriere im Ansatz versaut.

Wir leben in der größtmöglichen allgemeinen Verunsicherung. Wir empfinden unser Leben dabei in dem Maße umso trostloser, je mehr man uns versichert, es gehe immer noch besser. Und wir werden umso handlungsunfähiger, je mehr man unser Leben zu einem einzigen Leistungsnachweis macht, an dessen imaginäres paradiesisches Endziel man erst noch »hingecoacht« werden muss. Dabei verhält es sich wie mit dem Hasen in der Fabel *Der Hase und der Igel*: Immer wenn wir denken, wir könnten endlich angekommen sein, hat der Igel schon wieder ein neues Ziel vorgegeben. Das ist nicht nur sehr traurig, irre anstrengend und enorm teuer. Das ist auch wahnsinnig langweilig. Während wir nämlich immer besser leben und sein wollen, verlernen wir, richtig zu leben. Mit allem, was dazugehört: mit all den Irrungen und Wirrungen, den Fehlgriffen, den Umwegen, den Stolpersteinen, den kleinen, mittleren und großen Katastrophen, der Traurigkeit, der Euphorie, den Macken, Marotten und Knacksen. Den eigenen und denen der anderen. Wir verlieren die herrliche Vielfalt und unser Zutrauen in unsere wichtigste Fähigkeit: sich ganz manierlich durchzuwurschteln und auch auf das Ergebnis stolz zu sein. Am Ende, so schreibt der dänische Psychologieprofessor Svend

Brinkmann, sollten wir deshalb sehr viel weniger um Selbstfindung bemüht sein, sondern mehr darum, uns mit uns selbst abzufinden. Falls wir also dringend etwas verändern wollen, wenden wir uns doch lieber lohnenderen Projekten zu. Der Welt zum Beispiel. Sie braucht es dringend. Und wir auch. Schließlich lassen sich Ohnmachtsgefühle jedweder Art noch am besten damit bekämpfen, dass man selbst aktiv wird (allein dadurch würde vermutlich manche private Großbaustelle deutlich schrumpfen). Ansonsten versuchen wir es vielleicht einmal wieder mit der guten alten Methode des beherzten »muddling through« und des engagierten Herumstümperns. Mit der eigensinnigen statt der normierten Liebe, mit selbst gemachter statt Instantromantik, mit Schlafen für Anfänger, Traurigsein für Selbstbewusste, Problemlösungen für Amateure und Sex für Dilettanten. Nicht nur, weil das einfach gut genug sein wird oder weil wir ziemlich gut genug sind. Es ist auch deutlich aufregender, beglückender und entspannter. Das Schönste aber daran ist: Wir können das – und zwar allein.

PS: Oder sagen wir: fast allein. Denn natürlich brauchte es für dieses Buch auch viele andere. Danke deshalb an die wunderbare Simone Kohl, an die herrlich akribische Alexandra Bauer, aber vor allem auch an Susanne, Patricia, Uli und natürlich meine großartigen Eltern für ihre Inspiration und ihre Unterstützung. Es gibt keine besseren Fluchthelfer aus dem großen Mimimi als euch!

ENDNOTEN

[1] Brigitte Beier (Hrsg.): Harenberg Lexikon der Sprichwörter und Zitate. Mit 50000 Einträgen das umfassendste Werk in deutscher Sprache, Harenberg 1997

[2] Sebastian Herrmann: Wer ständig nach Glück strebt, wird unglücklich, 15.03.2018; https:// www.sueddeutsche.de/wissen/psychologie-wer-staendig-nach-glueck-strebt-wird-ungluecklich-1.3903911, abgerufen am 16.09.2020

[3] Anna Gielas: Wann soll man durchhalten, wann aufgeben?, in: Psychologie Heute compact, Heft 39/2014, S. 20

[4] Max Fellmann: Hü oder hott?, 18.07.2019; https://sz-magazin.sueddeutsche.de/wissen/ entscheidungen-treffen-87517?reduced=true, abgerufen am 16.09.2020

[5] Vgl. Bas Kast: Das Geheimnis ewiger Liebe, 07.10.2004; https://www.geo.de/wissen/13367-rtkl-beziehungstricks-das-geheimnis-ewiger-liebe, abgerufen am 16.09.2020

[6] Dirk Schönlebe: Die Qual der Wahl. Barry Schwartz, in: Forum Ware, Internationale Zeitschrift für Warenlehre, H. 1–4/2006, S. 74

[7] Constanze Kleis: Der Mann fürs Leben, in: Berliner Morgenpost, 12.02.2005

[8] Constanze Kleis: Und es klappt doch! So easy ist online-dating, in: Donna, 11/2019

[9] Ebd.

[10] https://rauschmayer.com/passende-ringgroesse-finden/ringgroessen-finder/, abgerufen am 16.09.2020

[11] https://rauschmayer.com/product/verlobungsring-laura/, abgerufen am 16.09.2020

[12] Georg Kohler: Wir sind uns selber in die Hände gefallen, in: unimagazin. Die Zeitschrift der Universität und Bulletin, Magazin der ETH Zürich, Oktober 2000

[13] Erhard Weidl (Hrsg.), Frank Wedekind: Lulu. Erdgeist. Die Büchse der Pandora, Reclam, Ditzingen 1989, Kapitel 12

[14] Peter J. Kaplan, Jimmy Cannon, Frank Graham, Sr., Pete Hamill and Jimmy Breslin, 4/2017; https:// medium.com/@petejkaplan/jimmy-cannon-frank-graham-sr-pete-hamill-and-jimmy-breslin-bd477e527f86, abgerufen am 16.09.2020

[15] zitate.at gmbh: Zitate von Tennessee Williams; https://www.zitate.eu/autor/tennessee-williams-zitate/162266, abgerufen am 16.09.2020

[16] Amrai Coen, Björn Stephan: Uhren sind moderne Diktatoren, 05.01.2017; https://www. zeit.de/2017/02/zeit-empfinden-uhren-stress-zeitforscher-karlheinz-geissler, abgerufen am 16.09.2020

[17] Jens-Christian Rabe: Selbsthass macht fit, 14.10.2019; https://www.sueddeutsche.de/kultur/ zeitalter-der-fitness-selbsthass-macht-fit-1.4634721, abgerufen am 16.09.2020

[18] S66-Waldbaden: Absichtsloses Waldbaden und die Steinpilze, 14.10.2019; https://waldbaden-angebote.de/absichtsloses-waldbaden-und-die-steinpilze, abgerufen am 16.09.2020

[19] Cathrin Kahlweit: Wer da mitreisen möchte, 08.08.2019; https://www.sueddeutsche.de/kultur/ essayistik-wer-da-mitreisen-koennte-1.4557110, abgerufen am 16.09.2020

[20] Vgl. Jan Stremmel: Reise ans Ende der Nacht, 04.04.2019; https://sz-magazin.sueddeutsche.de/ leben-und-gesellschaft/schlaf-nacht-gadgets-einschlafen-einschlafhilfe-87115, abgerufen am 16.09.2020

[21] Celina Plag: Schlafen wird jetzt Statussymbol, 12.06.2016; https://www.sueddeutsche.de/stil/ luxus-matratzen-und-edel-pyjamas-schlafen-wird-jetzt-statussymbol-1.3026093, abgerufen am 16.09.2020

[22] Penelope Green: Sleep Is the New Status Symbol, 08.04.2017; https://www.nytimes.com/2017/ 04/08/fashion/sleep-tips-and-tools.html, abgerufen am 16.09.2020

[23] Jan Stremmel: Reise ans Ende der Nacht, 04.04.2019; https://sz-magazin.sueddeutsche.de/leben-und-gesellschaft/schlaf-nacht-gadgets-einschlafen-einschlafhilfe-87115, abgerufen am 16.09.2020

[24] Max Frisch: Tagebuch 1946–1949, Suhrkamp Verlag, Frankfurt am Main 1950, S. 349

[25] Jörg Blech: Die Psychofalle. Wie die Seelenindustrie uns zu Patienten macht, Fischer Verlag, Frankfurt am Main 2014, S. 148

[26] Florian Werner: Schüchtern. Bekenntnis zu einer unterschätzten Eigenschaft, Nagel & Kimche im Carl Hanser Verlag, München 2012, S. 153

[27] Mark Leibovich: The Shy Break Free, in: Chicago Tribune, 24.11.1995

[28] Katrin Hummel: Du bist ja ein ganz kleines Mädchen, 29.09.2012; https://www.faz.net/aktuell/gesellschaft/pick-up-artists-du-bist-ja-ein-ganz-kleines-maedchen-11908961.html, abgerufen am 16.09.2020

[29] Susanne Weingarten: Feuer frei, 09.05.2006; https://sz-magazin.sueddeutsche.de/gesundheit/feuer-frei-73119, abgerufen am 16.09.2020

[30] Florian Werner: Schüchtern. Bekenntnis zu einer unterschätzten Eigenschaft, Nagel & Kimche im Carl Hanser Verlag, München 2012, S. 95

[31] Constanze Kleis: Es war ein langer Weg zu mir selbst, in: Für Sie, 09/2013, S. 72 ff.

[32] Jana Hauschild: Wir dürfen nicht alle Menschen mit Problemen zu Patienten machen, 02.09.2013; https://www.spiegel.de/gesundheit/psychologie/krank-oder-normal-psychologen-warnen-vor-krankheiten-die-keine-sind-a-919559.html, abgerufen am 16.09.2020

[33] Bernd Hontschik: Diagnose Doc Pharma, in: Frankfurter Rundschau, 17.05.2013

[34] Dietlind Hebestreit: Michel aus Lönneberga würde die Diagnose ADHS bekommen, 06.03.2014; https://www.nachrichten.at/meine-welt/gesundheit/Michel-aus-Loenneberga-wuerde-die-Diagnose-ADHS-bekommen;art114,1323890, abgerufen am 16.09.2020

[35] Christina Hucklenbroich: Daumenregel für Fehldiagnosen, 24.02.2017; https://taz.de/!5383740/, abgerufen am 16.09.2020

[36] Beata Klein und Sanna Westman: Heißer als Hitzewallungen – das Geschäft mit den Wechseljahren, 14.02.2020; https://www.gruenderszene.de/business/markt-analyse-wechseljahre-menopause, abgerufen am 16.09.2020

[37] Kerstin Weidner, Maria Beckermann, Mechthild Neises: Beschwerden in den Wechseljahren: Nicht nur eine Frage der hormonellen Situation, 18.11.2016; https://www.aerzteblatt.de/archiv/183884/Beschwerden-in-den-Wechseljahren-Nicht-nur-eine-Frage-der-hormonellen-Situation, abgerufen am 16.09.2020

[38] James Gorman: Not Wanting to Be Left Out, Men Find Their Own »Pause«, 07.03.2006; https://www.nytimes.com/2006/03/07/science/not-wanting-to-be-left-out-men-find-their-own-pause.html, abgerufen am 16.09.2020

[39] Constanze Kleis: Auszeit für Helden, in: Myself, 8/2013

[40] Jurek Becker: Schlaflose Tage, Suhrkamp Verlag, Frankfurt am Main 1980 (17. Auflage), S. 25

[41] Werner Bartens: Lust aus dem Labor, 19.05.2010; https://www.sueddeutsche.de/wissen/sexualitaet-lust-aus-dem-labor-1.910551-2, abgerufen am 16.09.2020

[42] Hansjörg Hemminger: Rückkehr der Zauberer. New Age. Eine Kritik, Rowohlt, Hamburg 1987, S. 88

[43] Erfolgreich und trotzdem krank: Stars mit psychischen Störungen; https://www.gofeminin.de/buzz/album1336501/stars-mit-psychischen-stoerungen-0.html#p26, abgerufen am 16.09.2020

[44] Christoph Bartmann: Kirche des Teufels, in: Frankfurter Allgemeine Zeitung, 16.11.1996

[45] Frank Furedi: Is disability the new normal?, 24.07.2019; https://www.frankfuredi.com/post/is-disability-the-new-normal, abgerufen am 16.09.2020

[46] Nele Rößler: Wenn Studenten psychisch krank werden, 06.10.2019; https://www.deutschlandfunk.de/aengste-depressionen-studienabbruch-wenn-studenten.724.de.html?dram:articleid=460415, abgerufen am 16.09.2020

[47] Jonah Lehrer: Vom Nutzen der Schwermut, 09.03.2010; https://www.faz.net/aktuell/wissen/leben-gene/was-ist-schwermut-welchen-sinn-und-nutzen-eine-depression-hat-1957347.html, abgerufen am 16.09.2020

[48] Bundesministerium für Gesundheit: Depression, 13.07.2020; https://www.bundesgesundheitsministerium.de/themen/praevention/gesundheitsgefahren/depression.html, abgerufen am 16.09.2020

[49] Maren Schürmann: So lacht das Revier – Sträter schwitzt im Fitnessstudio; 19.10.2014; https://www.derwesten.de/kultur/so-lacht-das-revier-straeter-schwitzt-im-fitnessstudio-id9941770.html#, abgerufen am 16.09.2020

[50] Jonah Lehrer: Vom Nutzen der Schwermut, 09.03.2010; https://www.faz.net/aktuell/wissen/leben-gene/was-ist-schwermut-welchen-sinn-und-nutzen-eine-depression-hat-1957347.html, abgerufen am 16.09.2020

[51] Anna Gielas: Gute Laune auf Befehl, 07.12.2010; https://www.zeit.de/zeit-wissen/2011/01/Denk-nicht-positiv, abgerufen am 16.09.2020

[52] Vgl. PTI: Gloomy days »good for brain«, 19.04.2009; https://www.dnaindia.com/technology/report-gloomy-days-good-for-brain-1248935, abgerufen am 16.09.2020

[53] Joseph P. Forgas: Don't Worry, Be Sad! On the Cognitive, Motivational, and Interpersonal Benefits of Negative Mood, in: Current Directions in Psychological Science, 04.06.2013, Volume 22, No. 3, S. 225–232

[54] Susie Reinhardt: Zufriedenheit. Das wahre Glück, 1/2014; https://www.diw.de/documents/ dokumentenarchiv/17/diw_01.c.441244.de/ph_01_2014_zufriedenheit.pdf, abgerufen am 16.09.2020

[55] dpa: »Er hat es cool gemacht, ein Muslim zu sein«, 11.06.2016; https://www.tagesspiegel.de/ sport/bewegender-abschied-von-muhammad-ali-er-hat-es-cool-gemacht-ein-muslim-zu-sein/13720352.html, abgerufen am 16.09.2020

[56] Jonah Lehrer: Vom Nutzen der Schwermut, 09.03.2010; https://www.faz.net/aktuell/wissen/ leben-gene/was-ist-schwermut-welchen-sinn-und-nutzen-eine-depression-hat-1957347.html, abgerufen am 16.09.2020

[57] Birte Förster: Angst und Hoffnung, 09.03 2020; https://www.sueddeutsche.de/kultur/krebs-fuehlen-angst-und-hoffnung-1.4833193, abgerufen am 16.09.2020

[58] Susan Sontag: Illness as Metaphor, in: The New York Review of Books, Vol. XXIV, Nos. 21 & 22, 26.01.1978

[59] Werner Bartens: Die Heilungschancen bei Brustkrebs steigen seit Jahren, 10.09.2019; https://www.sueddeutsche.de/gesundheit/brustkrebs-haeufigkeit-heilung-1.4594774, abgerufen am 16.09.2020

[60] Interview von Torsten Schuster: »Depressionen haben meinen Mann sterbenskrank gemacht«, in: Bunte, 48/2017, S. 32

[61] Hanno Charisius: Die Ursache von Krebs ist vor allem: Pech, 24.03.2017; https://www.sueddeutsche.de/gesundheit/medizin-die-ursache-von-krebs-ist-vor-allem-pech-1.3434757, abgerufen am 16.09.2020

[62] Susanne Weingarten: Feuer frei, 09.05.2006; https://sz-magazin.sueddeutsche.de/gesundheit/ feuer-frei-73119, abgerufen am 16.09.2020

[63] Manfred Dworschak: Die wirre Welt der QAnon-Anhänger, 17.07.2020; https://www.spiegel.de/ wissenschaft/mensch/qanonbewegung-warum-der-verschwoerungsglauben-so-starken-zulauf-hat-a-00000000-0002-0001-0000-000172071858, abgerufen am 16.09.2020

[64] Martin Altmeyer: Irren ist menschlich«, 25.05.2020; https://www.faz.net/aktuell/feuilleton/ debatten/verschwoerungstheorien-irren-ist-menschlich-16783066.html, abgerufen am 16.09.2020

[65] Werner Hecht, Jan Knopf, Werner Mittenzwei, Klaus-Detlef Müller (Hrsg.): Bertolt Brecht. Große kommentierte Berliner und Frankfurter Ausgabe. Berlin, Weimar, Frankfurt a. M. 1988–2000, Sezuan: Band 6, 186 f.

[66] Andreas Bernard: Hmpf, 04.04.2014; https://sz-magazin.sueddeutsche.de/gesellschaft-leben/ hmpf-80328, abgerufen am 16.09.2020

[67] Erich Kästner: Es gibt nichts Gutes, außer: Man tut es, Atrium Verlag, Zürich 2015

[68] Interview mit BBC: Stephen Fry discusses self-pity, 17.11.2011; https://www.youtube.com/ watch?v=r_2kelqYz_o, abgerufen am 16.09.2020

[69] Constanze Kleis: Ach was! Sind wir nicht alle kleine Angsthasen? Dann lesen Sie mal, was Deutschlands bekanntester Risikoforscher Gerd Gigerenzer dazu sagt, in: Myself, 12/2013, S. 157 ff.

[70] Jan: Elf wirklich wahre Gründe, warum wir eigentlich in Quarantäne sind, 23.03.2020; https:// www.thebestsocial.media/elf-wirklich-wahre-gruende-warum-wir-eigentlich-in-quarantaene-sind/, abgerufen am 16.09.2020

[71] Christine Dössel: »Ich kann alles nur so halb«, 18.12.2019; https://www.sueddeutsche.de/leben/ angela-winkler-theater-film-interview-1.4720299, abgerufen am 16.09.2020

[72] Ben Furman: Es ist nie zu spät, eine glückliche Kindheit zu haben, Borgmann, Basel 1999, S. 18

[73] Ebd., S. 8

[74] Ebd., S. 91

[75] Ebd., S. 37

[76] Asia McLain: 25 lächerliche Beispiele für Mom-Shaming, die unsere Leserinnen so erlebt haben, 21.12.2018; https://www.buzzfeed.com/de/asiawmclain/mom-shaming-erfahrungen, abgerufen am 16.09.2020

[77] Barbara Rohrhofer: Gute Mütter – schlechte Mütter, in: OÖNachrichten, 07.05.2011

IMPRESSUM

© 2020 GRÄFE UND UNZER VERLAG GmbH, München

Alle Rechte vorbehalten. Nachdruck, auch auszugsweise,
sowie Verbreitung durch Bild, Funk, Fernsehen und Internet,
durch fotomechanische Wiedergabe, Tonträger und
Datenverarbeitungssysteme jeder Art nur mit
schriftlicher Genehmigung des Verlages.

Projektleitung: Simone Kohl
Redaktion und Lektorat: Alexandra Bauer (textwerk, München)
Covergestaltung: independent Medien-Design, Horst Moser, München
Umschlagfoto: Gräfe und Unzer Verlag/Gaby Gerster
Herstellung: Markus Plötz
Satz und Innenlayout: Björn Fremgen, KONTRASTE
Reproduktion: Repro Ludwig, Zell am See
Druck und Bindung: C.H. Beck, Nördlingen

ISBN 978-3-8338-7530-4
1. Auflage 2020

Die GU-Homepage finden Sie unter www.gu.de

 www.facebook.com/gu.verlag

Ein Unternehmen der
GANSKE VERLAGSGRUPPE